묵자가 들려주는

겸애 이야기

묵자가 들려주는
겸애 이야기

ⓒ 윤무학, 2006

초판 1쇄 발행일 2006년 2월 14일
초판 16쇄 발행일 2022년 6월 3일

지은이   윤무학
그림   박기종
펴낸이   정은영

펴낸곳   (주)자음과모음
출판등록   2001년 11월 28일 제2001-000259호
주소   10881 경기도 파주시 회동길 325-20
전화   편집부 (02)324-2347 경영지원부 (02)325-6047
팩스   편집부 (02)324-2348 경영지원부 (02)2648-1311
e-mail   jamoteen@jamobook.com

ISBN 978-89-544-1938-3 (64100)

묵자가 들려주는
겸애 이야기

윤무학 지음

㈜자음과모음

책머리에

　사람은 누구나 세상에 태어나면서 운다. 하나의 탯줄로 이어진 엄마와의 관계를 억지로 자르기 때문이다. 그렇게 하지 않는다면 엄마와 아이의 생명이 위험할 수도 있다. 혹시 갓난아이가 울지 않을 때는 엉덩이를 두드려서라도 울게 한다. 물론 숨을 쉴 수 있도록 하기 위한 것이지만 세상의 쓴맛을 미리 알려 주는 것이기도 하다.

　어린아이는 어머니와 떨어져 있게 되면 불안해하고 울지만, 젖꼭지를 물고 어머니와 하나가 되면 울음을 그치게 된다. 하지만 아이는 어머니와 늘 함께 있을 수는 없다. 학교에 가서 공부도 해야 하고, 어머니가 바쁠 때는 스스로 일을 처리해야 한다. 이처럼 아이는 점점 어머니와 자신이 하나가 아니라 둘이라는 것에 익숙해질 수밖에 없다. 나아가서는 둘에서 넷으로, 넷에서 여덟으로 점점 나누는 방식에 익숙해져 가게 된다.

　그런데 다시 어린아이와 엄마의 관계로 돌아가 생각해 보면 본래 세상의 모든 것은 하나이다. 다만 우리는 살기 위해서 둘로 나누고, 그것을 자

꾸만 나누면서 성장해 온 것이다.

　사람이 철이 든다는 것은 늘 엄마 젖을 찾는 갓난아이에서 벗어나 자기가 아닌 이성을 좋아하게 되거나, 둘이라는 나누기가 사람마다 다를 수 있음을 알게 되는 것이다. 좀 썰렁하게 말한다면 철학은 철이 들기 위한 공부이고, 이러한 점에서 보면 우리가 배우는 모든 것은 철학이 아닌 것이 없다.

　이 글의 주인공 겸은 동양철학 가운데 묵가 철학을 상징화한 인물이다. 묵가의 시조인 묵자는 공자와 거의 동시대에 살았던 사람이다. 묵자는 당시에 헐벗고 굶주린 노동자들의 입장에서 그들을 핍박하는 귀족들을 비판한 철학자이다. 그가 말한 겸애는 귀족들의 일방적인 나누기에 반대하고 차별이 아닌 서로 평등한 입장에서 사랑하는 것을 말한다. 그들에게는 당장 먹고 입는 것이 중요한 문제였기 때문에 자신들이 공들여 만들어 놓은 음식이나 재화를 낭비하는 귀족들의 사치 풍조나 전쟁을 비판한 것이다.

철학은 우리의 현실과 동떨어진 특별한 공부가 아니다. 그럼에도 어른들에게도 철학이 어렵게만 느껴지는 이유는 어디에 있을까. 당장 눈앞에 보이는 이익에만 매달리는 사회 풍조 때문이기도 하겠지만, 한편으로는 철학을 가르치고 소개하는 학자들의 잘못 또한 크다고 생각한다.

㈜자음과모음에서 기획한 철학동화 시리즈는 청소년들이 철학을 쉽고도 흥미롭게 접할 기회를 제공할 것으로 확신한다. 일반인에게 어렵고 멀게 느껴지는 묵가 철학을 이처럼 흥미진진한 동화로 꾸며 준 관계자 여러분께 깊은 감사의 마음을 전한다.

2006년 2월

윤무학

차례

프롤로그

"겸 도련님, 어서 피하셔야 해요."

선주가 얼굴이 하얗게 질려 발을 동동 굴렀습니다. 그러나 겸은 돌처
럼 굳어 있을 뿐이었습니다. 아직은 어리디 어린 소년에게 닥친 낯선
비극에 겸은 자신의 일이 아닌 양 실감이 나지 않았습니다.

"도련니이임, 제발요, 제발! 지금 도망치지 않으면 어떤 일이 일어
날지 몰라요."

연방 팔목을 잡아끄는 선주의 얼굴이 어느새 눈물로 얼룩져 있었습

니다. 잠시 넋을 잃었던 겸은 한 손에는 작은 봇짐을, 다른 한 손에는 저보다 어린 도련님을 붙잡은 선주의 여린 팔목을 쳐다보았습니다.

"선주야, 저기 불타는 것이 우리 집이니?"

겸의 목소리가 떨려 왔습니다. 한창 부모 형제들의 품에서 웃고 떠들 나이인 어린 도령의 입에서 나온 어울리지 않는 슬픈 어투에 선주의 목소리에도 울음이 섞여 들었습니다.

"도련님!"

"오늘 아침만 해도 아버지는 내가 어제 글공부를 빼먹고 도망 나갔다고 불호령을 내리셨어. 어머니는 아버지께 야단맞아 울고 있는 날 안아 주셨고."

반쯤 넋을 잃은 겸은 계속 말을 이어 갔습니다.

"나 오늘도 글공부 빼먹고 도망갔었어. 당연히 난 아버지한테 야단을 맞아야 하는데, 아버지는…… 어디 계셔? 그리고 어머니는?"

"흑흑, 도련님. 주인님과 주인마님은 이미 이 세상 분들이 아니세요. 도련님이라도 사셔야 해요. 그러니까 제발…… 제발, 어서 저랑 이곳을 피하세요."

어디서 그런 힘이 났는지 선주가 이를 악물고 겸의 팔목을 끌었습니다. 선주에게 반쯤 끌려가다시피 하며 불타는 마을을 벗어나는 겸의 눈동자에 눈물이 고였습니다.

"이게…… 전쟁이라는 건가? 이게…….."

적, 겸을 거둬들이다

백성들에게는 세 가지 근심이 있다. 배고픈 사람이 밥을 먹지 못하고,
추워 떠는 사람이 옷을 얻지 못하고, 피곤한 사람이 휴식을 얻지 못하는 것이 그것이다.

－ 묵자 －

백성을 사랑하여 스스로 길을 떠나 사람들에게
전쟁과 가난을 이겨 낼 것을 설득하는 적! 그런
데 적이 묵은 여관에서 가방을 도난당하는 사건
이 발생한다. 적이 수소문한 끝에 찾아낸 범인은
전쟁 중 고아가 된 한 귀족 아이. 그런데 반성의
기미도 없이 적의 가방을 땅바닥에 내팽개쳐?
큰일이다! 적이 화가 많이 났는걸!

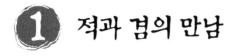

① 적과 겸의 만남

"나 원 참, 대체 어디로 간 거지? 하늘로 솟았나! 땅으로 꺼졌나!"

침대 주변을 빙빙 돌며 연방 짐을 찾던 적이 한숨을 쉬며 털썩 주저앉았습니다. 오랜 시간을 걸어왔던 적은 어젯밤 너무 피곤해서 짐도 못 풀고 잠이 들었습니다. 그런데 아침에 일어나 보니 그의 하나밖에 없는 봇짐이 없어져 버린 것이었습니다.

"큰일이군, 그 안에 내 물건들이 다 들어 있는데."

적이 어이가 없어 혀만 끌끌 차며 어찌할 바를 모르고 있는데,

방문 밖에서 인기척이 들려왔습니다.

"저, 손님! 어디 불편하신 데라도 있으십니까?"

바깥에서 들려오는 여관 주인의 목소리에 적이 방문을 열었습니다. 걱정스러운 얼굴을 한 여관 주인에게 적이 물었습니다.

"어젯밤 내 방에 도둑이 든 것 같소이다."

그러자 주인이 알겠다는 듯 고개를 끄덕였습니다.

"손님, 어제 문단속은 확실히 하고 주무셨나요?"

"너무 피곤했던지라 그걸 깜빡 잊었습니다."

"어이구, 요새 세상이 어떤 세상인데 그러셨어요! 요새같이 흉흉한 세상에는 매사에 조심하셔야 합니다."

자주 겪는 일인지 주인은 담담한 얼굴이었습니다. 적이 주인에게 물었습니다.

"이런 일이 자주 생기나요?"

"예, 요새 전쟁이 하도 자주 나서 매일같이 부모 없는 아이들이 늘어만 가고 있습니다. 그리고 귀족들이 백성들에게 거두는 세금이 너무 많아서 부모가 있는 아이들도 거지꼴인 경우가 많습니다. 그러다 보니 꼬맹이 좀도둑들이 많이 생겨나고 있지요. 애들은 잘 의심을 받지 않으니까 오히려 도둑질하기가 더 쉽거든요."

주인의 말에 적은 고개를 끄덕였습니다.

그는 많은 곳을 여행했습니다. 여행 내내 적은 끊임없이 일어나는 전쟁과 귀족들의 횡포로 날이 갈수록 어려워지는 백성들의 불쌍한 모습들을 보았습니다.

그러나 불쌍한 것은 불쌍하다 치더라도 일단 짐은 찾아야 했습니다. 적은 차분하게 여관 주인에게 물었습니다.

"어디 짚이는 데가 있으십니까? 제 짐을 꼭 찾아야만 해서요."

"흠, 사실 어젯밤 못 보던 꼬맹이 둘이 여관 주변을 어슬렁거렸습니다. 그 외에는 특별히 짚이는 데가 없군요."

"예, 알겠습니다."

때는 찌는 듯한 여름이었습니다. 적과 여관 주인은 저 멀리 보이는 호숫가로 발걸음을 재촉하였습니다.

"굳이 따라오실 필요는 없는데요."

적이 미안한 듯, 소매로 이마에 맺힌 땀을 닦으며 말했습니다. 워낙 더운 여름이다 보니 조금만 걸어도 얼굴에 땀이 맺혔습니다.

"아닙니다. 최근 한 달 사이에 이런 일이 너무 자주 있었습니다. 아무래도 수법이 비슷한 것이 같은 녀석의 소행 같아 저도 이 김에 범인을 잡아서 혼을 내줘야겠습니다."

적의 뒤를 종종걸음으로 따라가며 여관 주인이 물었습니다.

"그런데 손님! 어째서 범인을 잡으러 호숫가로 가십니까? 관청에 그냥 고발하시지요?"

여관 주인의 물음에 적이 빙그레 웃으며 말했습니다.

"우선 첫째, 요즘같이 더운 여름날 아이들이 제일 자주 가는 데가 어디겠습니까? 바로 호숫가지요. 둘째, 관청에 고발한다면 필시 관원들이 잡으러 나설 텐데 정말 범인이 어제 주인께서 본 아이들이라면 너무 가혹한 일 아니겠소?"

"뭘 그런 것까지 신경 쓰십니까. 도둑질을 했으면 애고 어른이고 벌을 받는 게 당연하지요."

주인의 투덜거림에 적이 다시 말했습니다.

"주인장, 생각해 보시오. 전쟁 통에 얼마나 많은 아이들이 고아가 됐습니까. 그 아이들이 다 스스로 먹고살 수 있을 만큼 자라지 못했으니 이런 일이 생기는 게 아니겠소. 다 어른들의 헛된 욕심으로 일어난 전쟁에 아이들이 희생되고 있는 겁니다. 우리는 그 아이들을 혼내기 전에 우리가 왜 고아들을 만들어 냈는지부터 반성해야 합니다."

주인은 적의 말에 고개를 끄덕였습니다.

"그것도 듣고 보니 일리가 있습니다. 제 생각이 짧았군요."

"저도 전쟁으로 가족을 잃었습니다. 저도 지금 저 아이들처럼 힘들고 어렵게 살았지요. 그래서 어른이 된 지금 저는 여행을 하고 있습니다. 많은 사람을 만나서 내가 품고 있는 뜻을 전하고 설득하려 하고 있습니다."

적의 말을 주의 깊게 듣던 주인이 다시 물었습니다.

"어떤 뜻을 전하고 싶으신 겁니까?"

"귀족이 관직을 독점하고 일반 백성은 늘 천한 지위에 있는 상황을 바꾸고 싶습니다. 우리 백성들에게는 세 가지 근심이 있습니다. 배고픈 사람이 밥을 먹지 못하고, 추워 떠는 사람이 옷을 얻지 못하고, 피곤한 사람이 휴식을 얻지 못하는 것이 바로 그것입니다."

"어이쿠, 옳은 말씀이시긴 한데 과연 높으신 어르신네들이 나리의 말씀을 듣기나 하시겠습니까?"

안타까운 듯 말을 흐리는 주인에게 적이 싱긋 웃어 보였습니다.

"사실, 제가 여기까지 온 이유도 그것 때문입니다. 아무래도 저 혼자의 힘으로는 힘들 것 같아 훌륭한 분을 모시고 함께 뜻을 펼

치고 싶었지요. 그래서 이곳 남쪽에 사시는 오려라는 분을 뵈러 왔습니다."

적의 말에 주인이 크게 고개를 끄덕이며 말했습니다.

"아이고, 저도 그분에 대한 소문은 익히 들었지요. 겨울에는 그릇을 굽고 여름에는 밭갈이로 사는 분인데 자기 처지도 어려우면서 남들을 돕는 것에 열심이신 아주 훌륭한 분이라고 들었습니다."

적이 고개를 끄덕였습니다.

"그분을 만나셨나요?"

주인이 정말 궁금한 듯 물었습니다.

"예, 만나서 바로 물어보았지요. 나와 같이 백성들을 구할 마음이 있는지."

"그래서 오려님께서는 뭐라고 하셨습니까?"

"자신이 의롭다고 생각하는 일만 하신다고 하더군요. 그런 것은 굳이 입으로 이야기할 필요가 없다고 하셨습니다."

"제가 생각이 짧아서인지 무슨 말씀을 하시는지 잘 이해가 되지 않는군요."

"저는 오려님께 물었습니다. '의로운 일이란 남을 위해 아낌없이 일하고 남에게 재물을 나누어 주는 것입니까?' 라고요. 그러니 그분께서는 그런 거라 하시더군요."

"그게 옳은 말씀 아닌가요?"

"저도 한때 그렇게 생각한 적이 있습니다. 그러나 그래 봤자 기껏 이웃집 정도만 도울 수 있어요. 그래서 저는 옛 훌륭한 왕들과 학자들의 교훈을 배워서 위로는 왕을 설득해야 한다고 생각합니다. 왕이 제 말을 들어서 실천한다면 나라는 반드시 옳은 방향으로 다스려질 것이고, 왕의 명령을 듣는 백성들과 군사들도 자연히 내 말에 따르게 되는 거겠지요. 비록 농사를 지어 굶주린 자를 먹이거나, 옷을 만들어 추위에 떠는 자를 입히는 것은 아니지만, 그 효과는 음식을 먹이거나 옷을 만들어 입히는 것보다 낫지 않겠습니까?"

적의 설명에 주인이 그제야 이해가 간 듯 고개를 끄덕였습니다.

"아, 그렇군요. 듣고 보니 그럴싸합니다."

주거니 받거니 주인과 이야기를 나누며 걷다 보니 어느새 두 사람은 호숫가에 도착했습니다.

적의 예상대로 온 동네 아이들이 다 모여 호숫가에서 먹을 감고 놀고 있었습니다. 오랜 전쟁에 찌든 아이들은 대부분 허름한 차림이었습니다. 내내 밖으로만 나돌아 얼굴은 까맣게 그을려 있었습니다. 그 아이들을 찬찬히 바라보던 적의 시선이 한 아이에 머물렀습니다.

다른 아이들과는 달리 하얀 얼굴에 곱상하게 생긴 소년이었습니다. 아이가 입은 비단옷이 햇볕을 받아 유달리 반짝였습니다. 보아하니 귀하게 자란 귀족의 아이 같았습니다.

턱을 꼿꼿이 들고서 약간은 오만한 표정의 아이 옆으로 한 소녀가 다가왔습니다. 아이보다 두세 살 많아 보이는 여자 아이가 귓속말을 하자 아이는 턱짓으로 소녀를 부리며 호숫가 덤불로 들어갔습니다.

"왠지 냄새가 나는걸."

적이 혼잣말로 중얼거리며 아이들이 들어간 덤불로 쫓아갔습니다. 그리고 그의 뒤로 여관 주인이 종종거리며 따랐습니다.

"야, 선주! 하여간 네가 하는 짓이 다 그렇지! 야, 훔쳐 와도 어떻게 이런 가난뱅이의 짐을 훔쳐 와! 내가 기껏 망도 봐 줬는데! 에잇!"

소년이 화가 잔뜩 났는지 얼굴을 붉히며 낡은 짐짝을 집어던졌습니다. 그 순간 소녀의 얼굴이 하얗게 질리며 아이에게 빌기 시작했습니다.

"도련님, 죄송합니다. 죄송해요! 다 제가 모자라서 그래요. 다음 번에는 좀 더 잘할 테니 제발 화 푸세요."

"바보 멍청이 선주! 이렇게 할 바에는 그냥 가 버려!"

소년의 입에서 나온 말에 선주라 불린 여자 아이의 얼굴이 더 하얗게 질려 갔습니다.

"죄송해요, 정말 죄송해요, 도련님! 저 잘할 테니까 제발 저보고 가 버리란 소리만 하지 마세요."

연방 고개를 조아리며 선주가 울먹였습니다. 선주의 울음에 조금은 미안한지 소년이 우는 선주를 외면한 채 집어던진 짐을 발끝으로 툭툭 치며 불평했습니다.

"에이, 역시 가난뱅이였어, 쓸 만한 게 하나도 없잖아. 젠장."

적은 그 순간 너무 화가 나서 숨어 있던 풀숲에서 뛰어나가며 소리쳤습니다.

"이놈들! 너희가 내 봇짐을 훔쳐 갔구나! 이 못된 것들, 버릇을 고쳐 줘야지 안 되겠다!"

깡마르고 얼굴이 새까만 적이 큰소리를 치며 덤불에서 튀어나오자 선주의 입에서 비명이 튀어나왔습니다. 당장에 적과 소년의 사이를 가로막으며 선주가 소리쳤습니다.

"우리 도련님 때리지 마세요!"

무서워서 입술을 파들파들 떨면서도 선주는 눈을 똑바로 뜬 채적을 올려다보았습니다. 그리고 선주의 뒤에 선 소년은 아무렇지도 않은 듯 오만한 얼굴로 적을 바라볼 뿐이었습니다.

적이 크게 아이를 꾸짖었습니다.

"보아하니 귀족인 것 같은데 도둑질이나 하면 안 되지. 어서 내봇짐을 내주려무나."

"나리의 짐이었군요. 죄송합니다."

선주가 고개를 조아리며 연방 사과했습니다.

"나리, 정말 죄송합니다. 저희가 너무 배가 고파서 그만."

"그래. 너희들 사정은 알겠지만 아무리 배가 고프다고 해도 남의것을 탐내거나 훔치면 안 된단다. 어서 돌려주렴."

그 순간 뒤에 서 있던 소년이 선주의 손을 잡아챘습니다. 선주의 팔목을 잡고 옆에 세운 후 소년이 눈에 독기를 띠며 소리쳤습니다.

"쳇, 이까짓 것, 줘도 안 갖는다, 안 가져. 거지 비렁뱅이 짐짝 따

위는!"

아이는 적의 봇짐을 발로 힘껏 걷어찼습니다. 적은 순간 화가 머리끝까지 났습니다.

"아니, 이런 버릇없는 녀석을 보았나! 네 이 녀석! 네 이름은 무엇이냐!"

"내 이름은 알아서 뭐 할 건데, 거지 비렁뱅이."

"이 자식이 점점……. 안 되겠다, 네 부모는 어디 있느냐? 나랑 같이 가자."

순간, 아이가 말을 멈췄습니다. 아까의 독기는 어디다 내버렸는지 큰 눈에는 순식간에 눈물이 그렁그렁해졌습니다. 대신 소년의 곁에 서 있는 선주가 머뭇머뭇하며 말했습니다.

"저…… 주인어른 내외분은 다 돌아가셨어요. 전쟁 통에…… 도련님하고 저만 남고 그만……."

"……선주야, 그만 해! 저 거지 비렁뱅이에게 내 이야기 하지 마! 기분 나빠!"

빽! 하니 소리치는 아이의 기세에 선주가 움찔거리며 말을 멈췄습니다. 적은 뒤통수를 맞은 듯 묘한 느낌으로 아이를 내려다보았습니다. 어린 시절 전쟁 통에 부모를 잃고 울부짖던 자신과 지금

눈앞에서 눈물을 글썽거리는 아이의 모습이 겹쳐지자 그는 순간
아무 말도 할 수 없었습니다.

② 옳음은 이익이라(義利也)

"체, 가족들이 있다면 내가 여기서 저 거지 같은 아이들과 놀고 있겠어? 당신 가방이나 훔치고?"

배알이 뒤틀리는 듯 내뱉는 아이의 말에 적은 다시 한 번 노하지 않을 수 없었습니다.

"이놈이! 불쌍해서 봐주려고 해도 안 되겠구나. 이 전쟁이 바로 너 같은 놈들 때문에 일어난 게야. 자기 이익만 챙기는 너 같은 놈들 말이야! 고얀 놈! 제일 나쁜 것이 뭔지 아느냐? 그건 바로 다른 사람의 것을 도적질하는 것과 다른 나라를 침략하는 것이야!"

적의 호통에 선주가 어쩔 줄 몰라 하며, 발을 동동 굴렀습니다.

"아유, 도련님. 그러지 마세요. 나리, 죄송해요. 저희 도련님이 원래는 이런 분이 아니신데……, 흑흑."

적은 그 건방진 아이가 맘에 들지 않았지만 제가 야단맞은 양 발을 동동 구르는 여자 아이가 측은해 마음을 애써 풀었습니다.

"그래, 네가 이렇게 된 것은 바로 이 전쟁 때문이겠지. 보려무나, 백성들이 헐벗고 굶주린 것을. 왜 이렇게 전쟁이 일어나고, 백성들이 어려움을 겪는지 아느냐? 그건 바로 겸애가 없기 때문이다. 남의 것을 나의 것과 똑같이 존중해 주는 마음이 없기 때문이야. 그러니까 남의 나라를 빼앗으려고 하는 게지."

적은 아이가 땅바닥에 내팽개친 봇짐을 집어 들었습니다. 그리고 아이 앞으로 한 걸음 가까이 다가가서 말했습니다.

"자, 이것은 내가 길쌈을 하고 사냥을 해서 얻은 옷감과 가죽으로 만든 짐이야. 안에 든 것은 별게 아니지만, 그래도 다 내가 노력해서 얻은 것들이란다. 이게 바로 이(利)란 것이야. 이익이란 말이지. 그런데 네가 나의 것을 도적질한 것처럼, 남의 이익을 뺏고 자기의 이익만을 취하면 쓰겠느냐? 네 것이 소중하면, 내 것도 똑같이 소중한 거야. 차이 없이 남의 이익을 존중해야 하지. 남이 이룩한 노동의 성과를 그 사람의 것으로 인정해 주고, 이(利)를 보장하는 게 옳다. 네가 남의 이익을 보장할 때, 너의 이익도 똑같이 보장되는 게지. 이것이 바로 겸애이다. 겸애가 모든 이익의 근원이 되는 것이지. 겸애가 없기 때문에 전쟁이 일어나고, 백성들이 귀족들로부터 착취를 당해 어려운 것이다."

고개를 외로 꼬고 듣는 둥 마는 둥 하던 아이가 눈을 무섭게 뜨고 적에게 대들었습니다.

"뭐라고? 귀족들이 백성을 착취한다고? 보아하니 하층민 같은데, 어디서 귀족을 욕하는 거야?"

"아유, 도련님! 제발 고정하세요!"

선주가 어쩔 줄 몰라 하며 아이에게 매달렸습니다. 그러나 아이는 끝까지 형형한 눈으로 적을 노려볼 뿐이었습니다.

"허허, 이놈이 그래도 정신을 못 차리고! 가장 나쁜 짓이 바로 도적질이야! 남의 것을 훔치는 도적질! 필요한 게 있으면 너도 일을 해서 가져야 마땅한 게지. 그렇게 남의 이익을 탐하니까 남의 나라를 쳐들어가서 빼앗고, 백성들의 것을 빼앗는 게 아니냐. 태초에 모든 사람들이 자신의 이익만을 옳은 것이라 했다고 해 보자. 열 사람이면 열 가지의 옳음이 있었고, 백 사람이면 백 가지의 옳음이 있었겠지. 그럼 그 결과는 어떻게 되었겠느냐? 모든 사람이 자기의 이익을 옳다 하면서 늑대처럼 싸우지 않았겠느냐? 그래서 한 사람 한 사람의 이익을 하나로 통일시켜야 하느니라. 모두의 이익이 하나로 되면, 자기 이익이 옳다고 싸우는 일이 없어지겠지. 이것이 바로 겸애다. 모두를 이롭게 하고 모두를 사랑하는 것이 겸애란 말이다. 네가 이것을 모르고 어른이 되면 너도 똑같은 어른이 되어 너같이 전쟁으로 아파하는 아이들을 만들게 되는 거다. 알겠느냐?"

아까부터 계속 그렁그렁 매달려 있던 아이의 눈물이 툭 떨어졌습니다. 적의 나무람에 부끄럽고 돌아가신 부모님에 대한 설움이 복받쳤기 때문이지요.

"흑흑, 아버지…… 어머니……!"

"도련님, 울지 마세요. 도련님, 울지 마세요."

울기만 할 뿐 끝내 잘못했다는 말은 하지 않는 고집쟁이 소년을 바라보는 적의 얼굴에 안타까움이 스쳐 갔습니다.

"흑, 거지 비렁뱅이 주제에, 말만 잘하면 다야. 저리 꺼져! 어…… 흑흑……."

"도련님, 울지 마세요. 흑흑, 도련님."

도련님을 달래다 선주까지 울기 시작했습니다. 적은 이제 짐도 찾았고 그냥 여기서 마무리 짓자 싶었습니다.

그러나 그 순간 옆에 있던 여관 주인이 버럭 화를 냈습니다.

"아니, 이 녀석 좀 보게. 도둑 주제에 버릇까지 없구나. 내 참으려고 했는데 네놈을 관청에 넘겨야겠다."

주인의 말에 아이와 선주의 얼굴이 동시에 하얗게 질려 갔습니다. 선주가 재빨리 아이를 등 뒤로 숨기며 애원했습니다.

"용서하십시오. 제발 용서하십시오. 잡아가려면 절 잡아가세요. 훔친 건 접니다. 도련님은 아무 짓도 하지 않으셨어요."

선주의 뒤에서 아이가 파들파들 떨고 있다는 것을 알 수 있었습니다. 적이 살짝 한숨을 쉬며 말했습니다.

"귀족이라 해도 아이는 아이구나. 여보시오, 주인장. 그만 하십시오. 아직 어린 아이들이지 않소."

"이렇게 나리께서 봐주신대도 또 도둑질을 할 겁니다. 지금이라도 혼이 한번 나 봐야 해요."

주인의 말에 까무러칠 듯 놀라며 선주는 적의 바지춤을 붙잡고 애원했습니다.

"용서해 주십시오, 나리. 제발 용서해 주십시오."

적은 잠시 생각에 잠겼습니다. 자신이 지금 이대로 떠난다면 두 아이는 관청으로 넘겨져서 혹독한 벌을 받아야 할 것입니다. 적은 결국 두 아이를 자기네 마을로 데려가기로 결심했습니다.

"내 비록 넉넉한 형편은 아니다만 너희를 데려가고 싶구나. 어떠냐? 나와 함께 가겠느냐?"

아이는 아무 말 없이 적을 쳐다보았습니다. 선주는 그제야 눈물을 그치고 도련님이 과연 어떤 대답을 할지 숨을 죽였습니다. 이윽고 아이는 결심을 한 듯, 천천히 입을 열었습니다.

"당신을 따라가겠어."

"그래, 잘 생각했다."

적이 싱긋 웃으며 소년에게 손을 내밀었습니다. 그러나 소년은 코웃음을 치며 옆에 선 선주의 손을 잡을 뿐이었습니다. 아직은 소년의 마음을 얻기 어렵겠다 싶어 적은 그만 피식 웃고 말았습니다.

"당신 사는 데는 얼마나 멀어?"

아이가 물었습니다.

"응, 조용한 산골 마을이다. 너도 가 보면 마음에 들 거야."

"쳇, 산골 촌놈이었군."

말본새 나쁜 도련님이 이윽고 적과 나란히 걷기 시작했습니다. 여전히 선주의 손만은 꼭 잡은 채로.

"우리 선주는 여자 애라 우리 같은 남자와는 달라. 길이 멀면 가끔은 쉬다 가야 해, 알겠지?"

"오호, 선주를 구박만 하는 줄 알았더니 걱정해 주는 거냐?"

적의 농담에 아이가 발끈하며 대들었습니다.

"걱정은 누가 했다고 그래. 선주 아프거나 하면 내가 번거로우니까 그런 것뿐이야. 쓸데없는 소리 하지 마!"

"하하하!"

적이 시원하게 웃음을 터뜨렸습니다. 자존심 강하고 버릇없는 꼬마이긴 하지만 아주 이기적인 녀석은 아니다 싶어 안심이 되었습니다.

"얘야, 그러고 보니 네 이름을 나는 아직 모르는구나. 네 이름이 뭐지?"

"겸……."

"오호, 겸이라. 어떤 이름자인가?"

"당신이 그렇게 줄곧 주장하는 겸애의 겸 자를 써."

겸이 여전히 퉁명스러운 말로 대꾸했습니다.

"좋은 이름이구나."

"당신을 알기 전까지만 해도 나도 그런 줄 알았어."

돌아가면 우선 저 말버릇부터 고쳐 줘야겠다, 생각하며 적이 천천히 걸음을 옮겼습니다.

③ 차별 없이 사랑하고 서로 이익을 나누자(兼相愛 交相利)

"정말 재미가 없는 시골이야. 뭐야, 봐도 봐도 산밖에 없네."

겸이 나무 그늘에 누워 연방 투덜거리고 있었습니다. 그러자 한참 밭에서 잡초를 뽑고 있던 선주가 허리를 펴고 일어났습니다. 원래는 겸과 선주가 함께 할 일이었지만 겸은 불쌍한 선주만 부려먹고 있었습니다.

"잡초는 다 뽑아 가?"

"아뇨, 아직 좀 많이 남았어요. 그래도 염려 마세요, 이제 요령이 생겼으니 좀 더 빨리할 수 있을 거예요."

"빨리 좀 해. 넌 왜 그렇게 하는 일마다 굼떠!"

"헤헤, 죄송해요. 도련님."

"난 한숨 잘 테니 내가 깨기 전에 일은 다 해 놔!"

"예, 도련님."

민망한 듯 혀를 쏙 내미는 선주를 외면하며 겸은 눈을 감았습니다.

적을 따라 겸과 선주가 이 마을에 온 지도 벌써 일주일이 지났습니다. 귀족의 아들로 태어나 쭉 떠받들려 살아온 겸에게 이곳은 너무나 낯설었습니다.

적과 같은 생각을 한 사람들이 모여 만든 이 작은 마을은 다 같이 일하고 일한 것을 똑같이 나누어 가졌습니다. 언제나 아랫사람들보다 많은 것을 가졌고 일을 한다는 것은 꿈도 안 꿔 본 겸에게 이곳은 정말 이상한 곳이었습니다.

"하여간 이상한 인간이야. 마을도 이상하고 사는 사람들도 이상하고."

눈을 감고 있으려니 겸은 슬슬 잠이 오기 시작했습니다. 잠이 올 듯 말 듯한 달콤한 느낌에 눈을 감고 있는데 갑자기, 얼굴에 뭔가가 떨어져 부딪혔습니다.

"아야! 뭐야?"

세게 한 대를 얻어맞은 듯한 아픔에 겸이 놀라 눈을 떴습니다. 겸이 햇빛을 피하던 개암나무 위에 적이 올라가 웃고 있었습니다. 적이 겸을 혼내려고 나무 위로 올라가 나무를 마구 흔들어 댄 것입니다. 개암들이 후드득 떨어지니 겸은 아플 수밖에 없었지요.

"아, 진짜. 뭐 하는 거예요?"

"뭘 하는 것 같니? 개암 따고 있지."

적은 능청스럽게 대답했습니다.

"그게 아니라, 왜 나무 위에 올라가서 개암을 떨어뜨려요? 그것도 자고 있는 사람한테."

"난 내 일을 하고 있는 것뿐이야. 여기서 사람들과 같이 살아가려면 이 집단의 거자, 즉 우두머리인 나도 일을 해야 해. 넌 오늘 하루 종일 일이라곤 조금도 하지 않았으니 오늘 저녁은 못 먹는 줄 알아라."

"체, 그까짓 좁쌀로 만든 밥 난 먹지 않겠어요."

"마음대로 하렴."

"으아, 배고파."

한밤중에 배고픔에 잠을 못 이룬 겸이 배를 붙잡고 투덜거렸습니다. 자존심 때문에 안 먹는다고 말은 했지만 역시 배고픔은 참기 어려웠습니다.

옆방에서 쌕쌕 숨소리를 내며 잠든 선주를 확인한 후 겸이 발끝을 들고 살금살금 부엌으로 들어갔습니다.

"으악!"

어두운 부엌에 유령처럼 서 있는 적 때문에 겸은 소스라치게 놀랐습니다. 놀라 엉덩방아를 찧은 겸을 내려다보며 적이 웃으며 물었습니다.

"왜, 안 먹는다더니?"

"내가 뭘 먹으려고 들어온 줄 알아요? 난 물을 마시려고 온 거라고요."

그때 겸의 배 속에서 꼬르륵하는 소리가 났습니다. 적은 좀처럼 짓지 않는 미소를 지으며 말했습니다.

"겸아, 교리(交利)라는 말을 아니?"

"내가 그런 말을 어떻게 알아요?"

"그럼 잘 들어 봐. 교리는 서로 이익을 나누어 갖자는 뜻이야. 즉 우리가 지금 이렇게 열심히 일하고 있는 이유는 다른 사람 좋은 일 시키자는 것이 아니라, 열심히 일하면 그 대가가 우리에게 돌아오기 때문이란다. 짐승들은 일을 하지 않지? 사람은 본래 고라니와 사슴 또는 새 같은 짐승들과 달라. 날짐승 길짐승은 모두 자신의 날개와 털을 옷으로 이용하니 옷을 살 필요가 없고, 굽과 발톱을 신발로 이용하니 신발도 필요 없고, 숲 속에 가면 늘 있는 물과 풀을 먹고 살지. 따라서 수컷이라고 밭갈이나 씨 뿌리는 일을 하지 않아도 되고, 암컷이라고 바느질하고 옷을 만들지 않아도 그들이 먹고사는 데 지장이 없단다. 그러나 사람은 동물들과는 다르단다. 열심히 일하는 사람만이 먹고살 수 있어. 너도 여기 사람들처럼 일을 해서 네 스스로 먹을 것을 마련해야 해. 그렇지 않으면 남의 이익을 빼앗는 도적질과 다를 바가 없단다."

"……."

겸의 뿌루퉁한 얼굴이 갑자기 진지해졌습니다. 그러나 그 숙연한 분위기도 잠시, 겸의 배 속에서 다시 꼬르륵하는 소리가 났습니다. 얼굴이 벌겋게 달아오른 겸의 머리를 쓰다듬으며 적이 크게 웃음을 터뜨렸습니다.

"하하, 자 밥부터 먹는 것이 낫겠구나. 밥을 먹어야 교리건 겸애

건 공부할 것이 아니냐."

 겸은 그 다음 날부터 조금씩이나마 마을의 일을 거들기 시작했습니다. 물론 가끔 게으름도 피우곤 했지만 말입니다.

춘추전국시대

중국 고대에 주나라가 처음 세워졌을 때는 서쪽 호경이라는 지역에 수도를 두었으므로 서주라 부르고, 나중에 동쪽 낙양으로 천도한 후부터는 동주라 칭한다. 동주를 다시 전후반으로 나누어 춘추시대(기원전 770년~기원전 476년)와 전국시대(기원전 475년~기원전 221년)라고 한다.

춘추전국시대는 쇠로 만든 농기구가 보급되면서 생산량이 비약적으로 증가한 농업혁명기였다. 이에 따라서 정치·사회·경제 모든 방면에서 급격한 변화와 함께 여러 가지 문제점도 발생하게 되었다.

제자백가

춘추전국시대 수많은 학자들이 사회의 각 분야에서 자기의 대안을 제시하고 서로 토론하였는데, 여기에 참여한 이들을 흔히 제자백가라고 한다.

제자백가란 많은 학파 혹은 학자들이라는 뜻인데, 이 가운데 대표적인 것은 유가, 묵가, 도가, 법가이다. 유가는 법치(법에 의한 정치)보다는 덕치(덕에 의한 정치)를 주장한 공자를 대표로 하여 맹자와 순자가 포함된다.

묵가는 차별애를 비판하고 겸애(평등한 사랑)를 내세운 묵자를 대표로 한다.

도가는 무위자연(억지로 하지 않고 자연스럽게 한다)을 주장한 노자를 대표로 하여 열자와 장자가 포함된다.

법가는 법치를 주장한 한비자를 대표로 하는데, 본래 학파라기보다는 개혁적 정치가들을 가리키는 말이다. 따라서 다른 학파의 대표가 그 학파에서 최초의 학자인 데 비해 법가를 대표하는 한비자는 시기적으로 가장 늦게 선배 학자들의 이론과 경험을 집대성하였다.

묵가와 묵자

묵가는 제자백가 가운데 당시 유가와 쌍벽을 이루었던 학파이다. 후세에는 노자나 장자류의 도가가 유명해졌지만 당시로 말하자면 일반 백성들이 가장 좋아하였던 학파가 묵가이다. 이들의 주요 구성원은 일반 노동자와 농민들이었다.

묵가를 창립한 묵자는 공자와 거의 동시대인 춘추 말 전국 초기에 활동한 것으로 알려진다. 최근 중국에서는 그의 고향을 현재 산둥 성 등주로 인정하고 사적을 발굴하여 전시하고 있다.

보통 묵자의 성을 '묵(墨)'이라 하고 이름을 '적'이라 본다. '묵'은 본래 붓글씨를 쓸 때 사용하는 '검정의 먹'이라는 뜻이지만, 묵가가 직접 노동하는 것을 기본 이념으로 하는 집단이었으므로 몸이 깡마르고 피부색이 먹과 같이 검다는 표현을 의미하기도 한다.

계란으로 바위 치기

묵자는 널리 제자를 모아 교육하는 한편 일반 노동자와 농민의 입장을 대변하고 현실적인 부조리를 해결하기 위하여 여러 나라를 돌며 유세하였다. 묵자는 유세의 기본 목적을 국가와 백성의 이익에 두고 다음과 같은 자신감을 표현하였다.

"나의 말은 쓰기에 충분하다. 나의 말을 버리고 생각을 바꾸는 것은 마치 수확물을 버리고 이삭을 줍는 것과 같다. 남의 말로써 나의 말을 비난하는 것은 마치 달걀로 바위를 치는 것과 같다. 세상에 있는 모든 달걀을 소모하더라도 바위는 그대로 있고 훼손시킬 수 없을 것이다."

차별애

유가에서 말하는 사랑은 흔히 '차별애' 혹은 '방법적 차별애'라고 한다. 여기서 '차별'은 오늘날 말하는 부정적 의미가 아니라 사랑에 층차를 둔다는 뜻이다. 예컨대 사람은 누구나 자기 부모, 자기 자식 등 친족을 먼저 사랑하고 남을 배려하게 되고, 나아가 사물에까지 사랑이 미친다고 하는 논리가 유가에서 말하는 차별애이다. 한마디로 사랑에 우선순위가 있다는 것이다. 이것은 묵자가 강조하는 겸애(평등한 사랑)와는 상반된다. 따라서 제자백가 가운데 유가와 묵가의 차이는 여기에서 가장 선명하게 드러나며, 유가의 맹자가 묵가를 비판하는 이유와 묵가에서 유가를 비판하는 이유도 바로 여기에 있다.

침략 전쟁 반대

_사회적 겸애

개 한 마리를 훔치면 불인이라고 한다. 그런데도 한 나라를 훔치고 이를 의(義)라고 한다.

－묵자－

겸애를 주장한 적은 개인 간의 도적질, 나라 간의 침략 전쟁을 한사코 반대했어. 그런데…… 겸은 무슨 꿍꿍이일까? 왜 갑자기 무술을 열심히 닦는 거지?

① 전쟁은 큰 도적질

적과 마주 앉아 책을 읽고 있던 겸이 문득 고개를 들었습니다.

"왜 무슨 궁금한 게 있느냐?"

적의 물음에 겸이 기다렸다는 듯 물었습니다.

"거자님, 왜 거자님은 전쟁을 싫어하세요?"

"어허, 이놈아. 그럼 세상천지에 전쟁을 좋아하는 사람이 어디 있느냐?"

"전 진지해요, 거자님."

겸의 진지한 눈빛에 적은 읽고 있던 책을 덮으며 말했습니다.

"겸아, 이 세상에서 가장 나쁜 게 바로 전쟁이다. 힘 좀 있다고 작은 나라를 공격해서 닥치는 대로 죽이고 빼앗는 게 바로 전쟁이야. 도적질 중에서도 가장 큰 도적질이 바로 전쟁이란 말이다. 알겠느냐? 그게 다 자기밖에 모르는 이기심, 차별적인 사랑 때문이란다."

전쟁에 대한 적의 태도는 매우 단호해서, 겸은 자신의 속마음을 쉽게 말할 수 없었습니다.

얼마간의 침묵이 흘렀습니다. 겸의 답답함을 아는지 적이 한층 인자한 목소리로 말했습니다.

"겸아, 죄 없는 사람 한 명을 죽이면 살인자가 되지?"

"그렇죠."

"그럼 열 명을 죽였다고 해 보자. 그런 놈은 인간 백정이라고 할 수밖에 없다, 맞느냐?"

"그렇죠."

"그런데 겸아, 세상에는 이상한 일도 다 있다. 전쟁을 일으켜서 수만 명을 죽인 사람은 살인자나 인간 백정이 아니라 도리어 영웅이 되니 이는 어찌 된 일이냐?"

적의 말에 겸의 입이 굳게 다물렸습니다. 적은 겸의 마음을 읽듯이 하나하나 자신의 생각을 말해 주고 있었습니다.

"겸아, 또 이런 일도 있단다. 남의 집에 들어간 좀도둑은 처벌을 받지 않니. 그런데 남의 나라를 침략한 큰 도둑은 오히려 칭찬을 받는단다. 이 또한 이해하지 못할 일이 아니더냐? 저 혼란한 세상이 바로 그렇단다. 그러니 겸이 너는 마음을 단단히 먹고 겸애를 실천하여라. 네가 힘이 세다고 하여 남의 것을 탐내고 빼앗아서는 안 된다. 알아듣겠느냐?"

겸은 냉큼 대답하지 않았습니다. 한참을 망설이던 겸이 어렵게 입을 열었습니다.

"거자님, 그럼 남이 쳐들어와도 가만히 있어야 해요?"

적이 고개를 저었습니다.

"남의 나라가 침략해 온다면 당연히 막아야 하겠지. 영토를 확장하기 위해서 죄 없는 나라를 공격하는 것은 침략이지만, 먼저 공격하고 침략해 들어오는 나라를 공격하는 것은 응징이라고 한단다."

"그래서 저희에게 무술을 가르쳐 주시는 건가요?"

"그렇다, 적어도 자신의 몸과 자신의 터전을 보호할 줄은 알아야 하지 않겠느냐."

다시 곰곰이 생각하던 겸이 물었습니다.

"결국 싸우는 것은 마찬가지 아닌가요? 사실 이 묵골은 산속 깊은 곳에 있어 조용하지만 산 아래에서는 아직도 계속해서 전쟁이 일어나고 있어요. 우리도 방어하기 위해서는 마주한 적을 죽여야겠지요. 그렇게 따지면 침략과 응징이 무슨 차이인가요?"

"쳐들어오지 않았다면 방어할 이유도 없지 않으냐."

적이 여전히 생각에 잠긴 듯한 겸에게 다시 말했습니다.

"겸아, 내가 일전에 제나라 임금님을 찾아뵌 적이 있었단다. 그는 수많은 나라를 침략한 왕이었단다."

"제나라 임금님을 만나서 어떤 이야기를 하셨지요?"

"'임금님, 여기 칼이 있는데 시험 삼아서 사람의 머리를 단번에 베었다면, 예리하다고 할 수 있을까요' 라고 물었단다. 그러자 왕은 아주 자신 있게 예리하다고 대답했지."

"그래서요?"

"그래서 나는 다시 물었어. '그럼 시험 삼아서 많은 사람의 머리를 베었다면 어떻습니까?' 그러자 왕은 아주 예리한 칼이라고 답했단다."

적이 잠시 말을 멈췄다가 마주 보고 있는 겸에게 물음을 던졌습니다.

"겸아, 그럼 내가 네게 묻겠다. 칼은 물론 예리하다고 할 수 있지만, 죄 없는 백성을 벤 짓은 누가 책임지겠느냐? 칼이 잘못된 것이냐?"

적의 물음에 겸이 당연하다는 듯 대답했습니다.

"칼에게 잘못을 물을 수는 없겠죠. 당연히 칼 든 사람이 책임져야죠."

"제나라의 임금님도 방금 너와 똑같은 대답을 했단다. 그래서 난 말했단다. '그렇다면 남의 나라를 침략해서 죄 없는 백성을 수없이 죽였다면, 그 책임은 도대체 누가 져야 할까요? 칼 든 군사들인가요?' 하고 말이다."

그 순간 겸이 풋, 하고 웃음을 터뜨렸습니다. 적 앞에서 아무 말도 못하고 얼굴만 붉히고 있었을 왕의 얼굴이 떠올랐기 때문입니다.

"내가 왜 침략 전쟁을 반대하는지 알겠느냐?"

"예, 알 것 같기도 해요. 그렇지만 아직 완전히 이해가 되지는 않아요."

순간 겸의 얼굴에 떠오른 복잡한 표정을 적은 놓치지 않았습니다.

② 전쟁은 이기는 쪽도 손해

겸은 적의 뜻에 따라 무술을 익혀야 했지만, 처음에는 무척 귀찮아했습니다. 그러나 어느 순간부터 마을의 그 누구보다 열심히 연습하는 학생이 되었습니다.

오랜 연습을 마치고 땀을 닦고 있는 겸에게 수건을 가져다주며 선주가 말했습니다.

"도련님, 요새 부쩍 무술 수련을 열심히 하시는 것 같아요. 저나 다른 아이들보다도 더 열심히 하시잖아요."

"왜, 그래서 불만이야?"

"아니요, 불만은요. 그저 도련님이 열심히 하시니까 전 정말 보기 좋아서 그런걸요."

"체, 착한 척하지 마. 나도 나대로 생각이 있어서 연습하는 거지, 결코 좋아서 하는 건 아니야."

"생각이요? 어떤 생각이요?"

"넌 몰라도 돼!"

"도련님 혹시……. 아, 아니에요."

겸이 무슨 생각을 하는지 짐작이 간 선주의 마음속에 걱정이 들어찼습니다. 그러나 입 밖에 내어 말하진 않았습니다.

며칠을 고민하던 선주가 마침내 적에게 겸에 대해 이야기를 했습니다. 그날 밤 적은 겸을 불렀습니다. 겸이 적의 방에 들어가니 방 안에는 왠지 모를 싸늘한 분위기가 흘렀습니다.

방에 들어온 겸에게 적이 싸늘한 말투로 물었습니다.

"겸이 너 요즘 무술 연습을 열심히 한다면서?"

"네……, 그런데 왜요? 상이라도 주시려고요?"

"처음에 군사는 하찮은 군졸들이나 하는 것이라고 게을리하더니, 왜 갑자기 마음이 바뀌었는지 궁금하구나."

"그저 그냥……, 저는 선주나 다른 아이들에게 지기 싫었을 뿐이에요."

"그게 다냐? 산 밑으로 내려가서 전쟁에 참가하고 싶은 게 아니고?"

겸은 웬일인지 잘하던 말대꾸도 하지 않고 묵묵히 있었습니다.

"선주 말로는 네가 전쟁에 참가해서 네 부모와 다른 가족들을 해친 것에 대해 복수를 하고 싶어 한다는데 정말이냐?"

순간 겸은 며칠 전부터 안절부절못하던 선주가 떠올랐습니다. 그러나 겸은 선주에게 화가 나지 않았습니다. 오히려 마음이 편안해졌습니다. 그동안 늘 자신의 의견을 적에게 털어놓고 싶었지만 그렇게 하지 못해 답답했기 때문입니다.

"전…… 전쟁이 나쁘다고 생각하지 않아요. 많은 사람이 모여 사는 곳에서 어떻게 싸움이 안 일어날 수 있어요? 사람들은 기본적으로 다 자기 자신을 가장 먼저 생각하기 마련이에요. 더 좋은 것을 먹고 싶고 더 좋은 것을 갖고 싶은데, 다른 사람이 그걸 가지고 있다면 당연히 빼앗고 싶은 거죠. 그래서 전쟁이 일어나는 거잖아요. 지금 몇 년 동안이나 전쟁이 이어지고 있는데 이런 상황이라면 싸워서 이겨야 하는 게 아니에요? 저는 제후였던 아버지를 이어서 다시 나라를 세우고 전쟁에서 이겨서 꼭 내 나라를 부강한 나라로 만들 거예요."

겸이 이런 자신의 생각을 말한 것은 처음이었기 때문에 적은 무척 당황했습니다. 그리고 겸이 이런 생각을 하고 있다는 것도 적에게는 놀랄 만한 일이었습니다.

"겸아, 네가 겪은 전쟁이 어떤 것이었는지는 몰라도 전쟁의 속모습은 참혹하단다. 이건 단순한 싸움이 아니야. 죄 없는 나라를 침략하여 곡식을 불태우고, 성곽을 허물고, 도랑과 못을 메우고, 가축을 함부로 잡아먹으며, 조상의 무덤을 불태워 버리며, 백성들을 찔러 죽이고, 노약자를 넘어뜨리며, 나라의 보물을 강제로 빼앗는단다. 이게 바로 전쟁이야. 너는 전쟁을 통해 다른 나라를 침략하고 자신의 영토를 확장하면 나라가 부강해질 것으로 믿는데, 그렇지 않단다. 오히려 전쟁이 일어나면 승패에 상관없이 양쪽 모두 큰 손해를 입게 되지."

전쟁을 하게 되면 양쪽 모두 큰 손해라는 말에 겸은 크게 당황했습니다.

"어째서요? 만약 큰 나라가 작은 나라를 합병하게 되면 큰 나라에는 이익이 아닌가요?"

"허허, 네가 하나는 알고 둘은 모르는구나. 겸이 너 전쟁이 봄과 가을에 일어나는 건 잘 알고 있지? 여름은 너무 덥고, 겨울은 너무 추우니까 봄가을에 전쟁이 많잖아."

"그런데요? 그게 무슨……!"

겸의 머릿속에 순간 무엇인가가 스쳐 갔습니다. 봄가을이 바로 농사철이라는 것이 말입니다. 농사철에 전쟁이 일어나면, 농사에 큰 지장이 있으니까 백성들은 당연히 식량이 없어 굶주리게 될 것입니다.

적이 계속해서 설명했습니다.

"공격을 하는 쪽이든 당하는 쪽이든, 농사철에 전쟁을 하는 것은 양쪽 모두에게 손해인 거야. 그리고 승전국도 다친 사람, 죽은 사람이 많지 않니. 일할 사람이 줄면 누가 나라에 세금을 내고, 나라를 먹여 살리겠니? 땅을 넓힌들 누가 경작을 하겠어? 그러니 전쟁에 이겨서도 손해인 거지. 그리고 겸이 너도 잘 알겠지만, 전쟁으로 가족과 헤어지는 고통은 또 얼마나 크니. 그러니 전쟁에서 이기든 지든 다 손해라는 거다. 그렇지 않느냐?"

"……."

"여기까지는 이해가 되느냐?"

"……네, 그러니까 거자님 말씀은 나라를 다스리는 자가 진정 이익을 바라고 손해를 싫어한다면, 전쟁은 하지 말아야 한다는 거죠?"

"그렇지. 침략 전쟁은 이기고 지는 쪽 어디에도 이익을 가져다주지 않기 때문이지."

"……"

"그럼 이제 그만 돌아가서 자라. 네가 전쟁에 참여해 강해지겠다는 생각을 버린 것이라면 네가 무술을 익히는 것을 허락하겠다."

겸은 인사를 하고 적의 방을 나왔습니다.

잠시 바람을 맞으며 서 있던 겸이 기둥 쪽을 쳐다보며 퉁명스럽게 말했습니다.

"선주, 너 거기에 숨어 있다고 안 보일 줄 알아! 어서 당장 나오지 못해!"

그 순간 기둥 뒤에서 울상이 된 선주가 얼굴만 빠끔히 내밀었습니다.

"어서 이리 와!"

화가 난 듯한 겸이 무서운지 선주가 여전히 눈치만 살살 보며 기둥에 붙어 있었습니다.

"도련님, 잘못했어요. 제가 주제도 모르고……."

아무 말 없이 선주를 바라보는 겸을 보니 선주는 더욱더 울고 싶었습니다. 단단히 화가 난 도련님을 어떻게 해야 하나 싶어 선주의 눈에 어느새 그렁그렁 눈물이 맺혔습니다.

"밤바람이 추운데 거기서 뭐 해. 어서 들어가서 자."

불호령이 떨어질 줄 알았던 선주는 깜짝 놀라 겸을 바라보았습니다. 평소 다혈질인 겸의 성격으로 봐서는 분명 그냥 넘어가지 않았을 일인데 말입니다.

선주는 생각에 골몰해 앞서 걷고 있는 겸의 뒷모습을 쳐다보았습니다. 비록 자기가 두 살이나 많아서 언제나 겸을 누나처럼 돌봐 왔지만, 가끔은 겸이 좀 더 자라 주었으면 좀 더 철이 들어 주었으면 생각할 때가 있었습니다. 그러나 오늘 본 겸의 모습은 어딘가 달랐습니다. 자신이 모르는 사이에 훌쩍 자라 버린 겸의 모습에 선주는 반가우면서도 약간은 섭섭한 느낌이 들었습니다. 손 안에 동생 같은 도련님이 아니라 어른이 되어 가는 그의 모습에서 말이지요.

이런저런 생각에 기둥 곁에서 멍하니 서 있던 선주가 화들짝 놀랐습니다. 한참을 걸어가던 겸이 걸음을 멈추고 뒤돌아보았기 때문이었습니다.

"바보 선주. 언제나 나만 걱정하는 바보."

"……."

"나는 자라고 있어. 배우고, 익히고 어른이 되어 가고 있는 거야. 언제까지 네가 날 지켜 줄 거라고 생각하지 마. 너보다 작았던 내 키가 어느새 너를 넘었듯이, 언젠가는 내가 널 지켜 줄 수 있게 될 거야. 그러니까 그때까지만 기다려. 내가 아니면 누가 울보에 바보인 선주랑 있어 주겠냐!"

놀라서 눈만 깜빡이는 선주에게 겸이 씩 웃어 보였습니다.

전쟁의 책임은 누가 져야 할까?

이라크 전쟁은 미국이 이라크에 대량 살상 무기가 있다는 이유로 시작되었다. 전쟁 발발 1년 후에 미국은 자신들의 승리를 주장했지만, 전쟁의 명분이었던 대량 살상 무기는 발견되지 않았다. 전후 이라크의 치안 질서를 위해 미국 군대는 물론이고 우리나라 군대도 주둔하고 있지만, 내부의 혼란과 갈등이 줄어들 조짐은 아직 보이지 않는다.

묵자 시대에도 강대국과 약소국의 힘의 차이는 분명하였고, 강대국의 침략 야욕은 날로 높아졌다. 묵자는 남의 나라 침략하기를 좋아하는 제나라 임금을 만나서 설득하였다.

"가령 여기 칼이 있는데 시험 삼아 사람의 머리를 단번에 베었다면 예리하다고 할 수 있을까요?"

"예리하다마다요."

"수많은 사람의 머리를 베었다면 어떻습니까?"

"아주 예리한 칼이라 할 수 있습니다."

"칼은 물론 예리하다고 할 수 있지만, 죄 없는 백성들을 벤 행위에 대한 책임은 누가 질까요? 칼이 잘못한 것일까요?"

"칼에게 잘못을 물을 수는 없겠죠. 당연히 칼을 든 사람이 책임져야 하겠지요."

"그렇다면 남의 나라를 침략하여 죄 없는 백성을 수없이 죽였다면, 그 책임은 누가 져야 할까요? 칼을 든 병사들이 잘못한 것일까요?"

이에 제나라 임금은 얼굴빛이 붉어지면서 대답할 말을 찾지 못하였다.

논리의 기준

논리란 우리가 생각하고 말하는 법칙을 말한다. 서양의 논리학은 일찍이 고대 그리스의 아리스토텔레스의 형식논리학에서 비롯되어 현대에 이르기까지 다양하게 발전하였다. 반면 동양의 논리학은 서양에 비해 논리가 적고 애매한 것으로 평가하는 사람이 많다. 그러나 비록 무의식이라고 하더라도 생각하고 말하는 가운데 논리가 없을 수 없다. 다만 민족에 따라서 문화와 언어가 다르기 때문에 모든 논리가 반드시 같을 수 없다.

중국에서 묵자의 논리학은 오늘날 관점에서 보더라도 대단히 훌륭한 것으로 평가되고 있다. 《묵자》에 보면 거의 모든 대화에 삼표라고 불리는 논리 기준이 깔려 있다. 세 가지 기준 가운데 특히 국가와 백성의 이익에 근거를 두는 것은 오늘날 실용주의적 관점과 유사한 점이 있다. 그들이 하느님의 존재를 증명하면서도 운명을 부정하는 것은 이와 밀접한 관련이 있다.

겸, 전쟁을 막다

큰 불의를 일으켜 남의 나라를 치면 그릇되었다고 하지 않고 도리어 영예라 하고 정의라고 한다.
이것이 불의이다.

− 묵자 −

적과 겸이 초나라 왕의 침략 전쟁을 막기 위해 초나라로 떠난대! 겸에게 초나라 왕을 이길 수 있는 좋은 수가 있다는데……. 아무리 그래도 너무 무모한 것 아니야? 적진으로 뛰어든 용감무쌍한 두 남자의 대활약! 기대하시라!

① 겸, 초나라로 가다

마을에는 어느새 깊은 가을이 찾아왔습니다. 추수가 끝나고 마을 사람들은 적이 말한 대로 추수한 곡식들을 헛간에 쌓아 놓고 사냥을 한 고기를 말려서 저장하는 작업에 들어갔습니다. 선주와 겸도 눈코 뜰 새가 없이 바빠졌습니다. 그런데 적은 좀처럼 들판에 나오지 않고 집에만 있었습니다. 겸과 선주는 적이 무엇을 하는지 궁금했지만 가서 들여다볼 생각은 하지 않았습니다.

"거자님은 사흘째 집 밖으로 나오시지도 않고 도대체 뭘 하시는 걸까요?"

"글쎄, 나도 알 수는 없지만……."

"혹시 지난번 송나라에서 소식이 온 것 때문이 아닐까 싶은데……."

"초나라 왕이 송나라를 침략하기 위해 전쟁을 준비하고 있다는 거요?"

"응. 아마도 송나라로 갈 채비를 하시는 듯싶어."

선주는 그만 울상이 되었습니다. 적이 여행을 떠난다면 분명 그곳은 전쟁터일 것이고 무척 위험한 곳일 것입니다. 게다가 적은 겸을 데리고 갈 것이 틀림없으니 더욱 걱정이었습니다.

선주가 이런저런 걱정을 하고 있는 동안 겸은 다른 생각에 빠져 있었습니다. 도대체 적이 어떻게 초나라의 침략 전쟁을 막으려고 하는지 말입니다.

"저, 도련님……."

선주가 조심스레 말을 꺼냈습니다.

"응?"

"도련님, 소문에 의하면 초나라 왕은 포악한데다가 전쟁광이래요. 게다가 초나라 왕 옆에는 공수반이라는 뛰어난 전술가가 있어서, 초나라와의 전쟁에서 이기는 것은 하늘의 별을 따는 것보다 더 어렵대요."

"그래, 나도 들었어."

"도련님도 이번 거자님 여행에 따라나설 셈이에요?"

"글쎄, 그건 거자님이 판단하실 문제니까. 나는 따라가고 싶지만 내가 방해가 된다면 남아 있어야지."

"저, 전…… 도련님이 가지 말았으면 해요."

겸이 어렵게 말을 꺼낸 선주를 물끄러미 바라보았습니다.

"선주야."

"네."

"너와 나는 거자님께 가르침을 받았지?"

"네."

"넌 거자님께 배우고 난 뒤에 어떤 생각을 했니?"

"전 그냥…… 잘은 모르지만 거자님의 생각이 훌륭하다고 생각했어요. 그리고 사람들이 거자님의 말대로만 살면 세상이 얼마나 행복해질까 하는 생각도 들었고요."

"그렇지? 그럼 그런 생각이 단지 생각으로만 끝나야 쓰겠니?"

"아……뇨."

"나는 마을에서 사람들과 모여 살며 농사도 짓고 손으로 뭘 만드는 것도 좋지만, 거자님께 받은 훌륭한 가르침을 다른 곳에 있는 사람들에게 전하고 싶어. 내가 가족들을 잃기 전 성안에서 살 때 배웠던 다른 학자들의 사상도 좋지만, 내가 보기엔 거자님의 사상만큼 세상을 이롭게 하는 사상은 없었어. 나는 그것들을 세상 사람들에게 전하고 싶어. 특히 전쟁을 일으키는 왕과 귀족들, 그리고 전쟁의 혼란 속에서 괴로워하는 백성들에게 말이야. 그렇게 하는 것이 날 길러 주신 거자님께도, 그리고 이 마을 사람들에게도 보답하는 길이 아닐까 싶어."

선주는 아무 말도 할 수 없었습니다.

침략 전쟁은 이기는 쪽이나 지는 쪽 모두에게 손해라는 적의 말을 듣던 날 밤 겸이 말했던 것처럼, 겸은 어느새 훌쩍 자라 있었습니다. 기쁘면서도 서운한 마음에 선주는 속이 상했지만 아무 내색을 하지 않았습니다.

다음 날부터 겸도 들판에 나오지 않았습니다. 하루가 가고, 이틀이 지났는데도 겸은 집 밖으로 나오지 않았습니다. 적과 함께 있는 것도 아닌데 도대체 뭘 하는 걸까, 하고 마을 사람들은 궁금해했습니다. 사흘째 되는 날 겸은 방에서 나와 적에게 찾아갔습니다.

"무슨 일이냐?"

"거자님, 초나라에 가실 생각이죠?"

"그건 네가 왜 묻느냐?"

"무슨 뾰족한 방법이라도 찾으신 겁니까?"

"허허. 그러는 너는 무슨 좋은 수가 있느냐?"

"있습니다. 그런데 말씀드릴 수가 없습니다."

"그건 왜?"

"말씀드리는 대신 저도 초나라에 데리고 가 주십시오."

"뭐?"

"제가 연구한 방법을 써서 직접 공수반과 초나라 왕의 침략 전쟁을 막아 보고 싶습니다. 허락해 주세요."

"그건 안 된다."

"왜요, 왜 안 된다는 거예요?"

순간 발끈하여 대드는 겸을 보며 적이 웃음을 터뜨렸습니다.

"허허, 그렇게 떼를 쓰니 꼭 마을에 처음 왔을 때를 보는 것 같구나. 그때는 오만 방자하기 이를 데 없는 철부지였는데."

"이제 저는 예전의 제가 아니에요. 제발 허락해 주세요."

"너도 알다시피 초나라는 매우 큰 나라다. 그 큰 나라의 왕이 내가 간다고 해서 전쟁을 그만둘지 어떨지는 아무도 모르는 것이다. 오히려 나를 잡아 죽이려고 할 수도 있어. 게다가 공수반은 너도 아는 인물이지 않느냐. 그자는 머리가 매우 좋은 전술가다. 내가 가면 나를 어떤 함정에 빠뜨릴지 모르는 인물이야."

"그러니까 제가 가겠다는 것 아닙니까? 저에게 좋은 생각이 있다니까요."

"그래? 그럼 너의 그 생각이라는 것을 좀 들어나 보자."

이렇게 해서 겸은 밤을 꼬박 새워서 자신이 연구한 방어 방법을 적에게 들려주었습니다. 마을 사람들은 모두 그 방법을 궁금해했습니다. 그리고 겸이 생각한 그 전술 때문에 적이 겸이 따라가는 것을 허락할 것인가도 모두 궁금해했습니다.

한편 선주는 적이 떠나기 전날 밤잠을 이루지 못했습니다. 내일 아침 일어나면 겸이 벌써 떠나고 없을 것 같은 생각에 불안해서 잠을 이룰 수 없었습니다.

다음 날 새벽, 선주는 밤새 뒤척이다가 집 밖으로 나왔습니다.

그런데 자신의 간절한 바람과는 달리 어느새 겸은 떠날 채비를 마치고 적을 기다리고 있었습니다.

"도련님……."

"벌써 일어났구나? 더 자지 않고 왜."

"거자님과 같이 가시는 거예요?"

"응, 그렇게 됐어."

겸은 히쭉 웃어 보였습니다.

"……그럼 부디 몸조심하세요. 거자님도요."

"선주야."

"내가 겸을 데려간다고 하니 내가 밉지?"

"거자님!"

선주는 그만 얼굴이 빨개졌습니다. 적을 환송하려고 모인 동네 사람들이 모두 하하하 웃음을 터뜨렸습니다. 선주는 인사도 못하고 황급히 제 거처로 도망쳐 버렸습니다.

그러나 즐거웠던 분위기도 잠시, 적과 겸이 말에 올라타자, 다시 마을 사람들의 표정은 어두워졌습니다. 모두 이번 여행이 위험한 것이라는 것을 잘 알고 있었기 때문입니다.

"그럼 무사히 다녀오세요, 거자님."

"겸은 거자님을 잘 모셔라."

적과 겸은 마을 사람들의 환송을 뒤로하고 힘차게 말을 달려 초
나라로 향했습니다.

② 침략 전쟁은 안 돼!

초나라까지는 꼬박 열흘이 걸렸습니다. 초나라는 아주 크고 강대한 나라였습니다. 마을 안에서만 살던 겸은 초나라의 많은 사람이며, 크고 웅대한 성들에 기가 질렸습니다. 이렇게 넓은 토지와 많은 백성을 거느리고 있으면서도 송나라를 침략하려고 하는 초나라 왕이 어떤 사람인지 궁금해지기도 했습니다.

겸이 세운 계획대로 적과 겸은 먼저 공수반을 찾아갔습니다. 유명한 전술가이자 무기를 만드는 기술자이기도 한 공수반의 집은 왕의 궁전만큼 크고 화려했습니다.

"강대국들이 약소국을 침략하려는 전쟁을 하기에 앞서 항상 이 공수반이라는 인물을 찾는다고 하더구나."

"체, 무기를 공급해 주고 전술을 세워서 돈을 이렇게 많이 벌었나 보지요?"

겸이 비꼬듯 말하며 화려한 그의 집을 바라보았습니다.

성문 앞에 다다르자, 두 명의 병사가 가로막았습니다.

"무슨 일이오?"

"난 적이라고 하오. 공수반 선생을 만나러 왔소."

"적이라고요?"

"그렇소, 아마 얼굴이 검은 묵자라는 사람이 찾아왔다고 하면 공수반 선생도 알 거요."

"잠시 기다리시오."

잠시 뒤 병사가 되돌아 나왔습니다. 그가 적에게 인사를 한 후 공손하게 말했습니다.

"나리께서 기다리고 계십니다. 어서 성안으로 드시지요."

공수반의 집은 밖에서 보던 것보다 더 화려하고 웅장했습니다. 마을에 있는 적의 방과는 비교도 할 수 없었습니다. 길고 긴 통로를 걸어가니 넓은 방이 보였습니다.

방 가운데 있는 화려한 의자에 공수반이 앉아 있었습니다. 키는 작았지만 번뜩이는 눈빛은 공수반이 보통 사람이 아니란 것을 알려주고 있었습니다.

"어서 오시오, 묵자 선생. 먼 길을 오셨구려."

적은 다른 나라에서는 묵자 선생으로 통했습니다.

"반갑소이다. 이쪽은 내 제자 겸이라고 하오."

겸이 아무 말 없이 고개만 숙였습니다. 굳이 공수반에게 예의를 갖추고 싶지는 않았습니다.

"그래, 이렇게 먼 길을 달려 나를 찾아온 이유가 있을 텐데요?"

"짐작이 가시는 일이 있지 않소?"

"전혀 모르겠는데요?"

공수반은 적과 겸이 찾아온 이유를 알면서도 짐짓 모르는 체했습니다.

'저 여우 같은 녀석.'

겸은 속으로 약이 올랐지만 참을 수밖에 없었습니다. 그런데 적은 너무도 태연하게 싱글싱글 웃고 있었습니다.

"사실은 선생에게 부탁을 좀 드리려고 왔습니다."

"부탁이요? 아니 제게 무슨 부탁을 하신단 말씀입니까?"

"다른 게 아니라 북쪽 지방에 나를 모욕한 사람이 있는데 나 대신에 선생이 그 사람을 없애 주면 좋겠습니다. 물론 대가는 넉넉히 드리기로 하지요."

"아니, 선생……."

공수반은 자리를 고쳐 앉으며 말했습니다. 공수반의 눈이 휘둥그레졌습니다. 묵자의 입에서 그런 말이 나올 거라는 것은 상상도 못했기 때문이었습니다.

"허허, 지금 농담하시는 겁니까? 저는 의로운 사람이라 다른 사람을 죽이지 않습니다."

공수반의 대답에 적이 재빨리 말했습니다.

"그렇습니까? 한 사람을 죽이는 것이 의롭지 않은 일이라면, 두 사람을 죽이면 두 배의 의롭지 않은 일이고, 열 사람을 죽이면 열 배의 의롭지 않은 일입니다. 듣자 하니 당신은 구름 사다리를 만들어 약소국 송나라를 공격하려고 합니다. 송나라 백성에게 무슨 죄가 있습니까? 지금 초나라는 땅과 백성이 남아돌 정도의 강대국입니다. 강대국으로서 죄 없는 백성을 죽이는 전쟁을 시작하는 것은 의로운 일입니까? 당신은 한 사람을 죽이는 일이 의롭지 못한 일이라 하면서 어째서 전쟁을 하려는 것입니까?"

"……."

공수반은 순간 말을 잃었습니다.

사실 적의 말은 한 군데도 틀린 데가 없었습니다. 비록 공수반 자신의 손으로 사람을 죽인 적은 없지만, 그가 만든 무기와 그가 생각해 낸 전술로 수백, 수천 명의 사람이 죽었기 때문이었습니다.

무거운 침묵이 흐른 후, 공수반이 입을 열었습니다.

"들어 보니 선생의 말도 일리가 있습니다. 하지만 초나라 왕이 이미 전쟁 준비를 마친 상태라서 그만둘 수 없습니다. 당신네 묵가라는 집단은 법과 약속은 반드시 지킨다고 하는데, 그건 나도 마찬가지입니다. 나도 초나라 왕과 한 약속을 어길 수는 없습니다."

"그럼 내가 직접 왕을 만나 보겠소. 왕을 만나게 해 주시오."

"진심입니까? 뒷일은 나도 책임질 수 없습니다."

이렇게 해서 겸과 적은 공수반과 함께 초나라 왕의 궁전에 찾아가게 되었습니다.

초나라의 궁전에는 왕의 신하와 장군들이 모두 모여 있었습니다. 여차하다간 궁전에서 못 빠져나갈지도 모른다는 생각에 겸의

등에는 식은땀이 흘렀습니다.

초나라 왕은 포악하고 사납다는 소문과는 달리 온화하게 생긴 얼굴이었습니다.

"어서 오시오, 묵자 선생. 선생에 대한 얘기는 많이 들었소."

"저를 아신다니 영광입니다. 이 아이는 저의 제자 겸이라고 합니다."

"겸이라, 겸이라. 제자의 이름자까지 스승의 뜻을 따르고 있군. 묵자 선생께서 언제나 말씀하시는 것이 바로 겸애 아니시오?"

겸은 초나라 왕까지 겸애를 알고 있다는 것에 놀라기도 하고 으쓱해지기도 했습니다. 원래도 존경하는 스승이었지만 적이 더욱더 대단해 보였습니다. 겸은 적과 함께 있다는 것이 자랑스러워졌습니다.

"하하. 네, 맞습니다. 어렸을 때는 천둥벌거숭이 같던 녀석이 이름 따라가는지 갈수록 철이 드는군요."

겸의 얼굴이 순간 확 달아올랐습니다. 좀 버릇없는 아이였다는 것은 인정하는 사실이지만 그래도 많은 사람 앞에 망신을 주다니. 겸이 입을 삐죽이며 적을 쳐다보자 적이 놀리듯 씩 웃었습니다.

"그거 재미있는 이야기군요. 제자가 아주 잘생겼습니다. 키가 크고 하얀 얼굴이 잘 자란 귀족 자제 같군요. 그에 비해 묵자 선생은 아주 검으셔서 제자분과 같이 서 있으면 더 비교되겠습니다. 내 듣기에는 '얼굴이 먹처럼 검다' 해서 묵자라 불린다고 들었소만. 허허."

"허허, 전하께서는 보는 눈이 예리하시군요. 그냥 보기만 하고도 이 아이의 혈통을 알아내시니 말입니다."

겸은 적이 입은 웃고 있지만 결코 눈은 웃고 있지 않다는 것을 알아챘습니다.

적이 마침내 이곳에 온 이유를 말하기 시작했습니다.

"맞습니다. 저 아이는 본래 제후의 아들이었습니다만, 전쟁으로 부모와 고향을 잃었습니다. 살 곳도 없고 먹을 것도 없어 떠돌아 다니는 이 아이를 거둔 것이 2년 전이었습니다."

겸은 적과 처음 만났을 때가 떠올랐습니다. 그때 겸이 적을 만나지 못했다면 아마도 굶어 죽거나 길에서 얼어 죽었을 것입니다. 겸은 적이 무엇을 말하려 하는지 감을 잡았습니다. 전쟁으로 고아가 된 아이는 겸이 혼자만이 아니었습니다. 겸이 마을을 떠돌아다닐 때 그는 부모 잃은 아이들을 많이 보았습니다. 적은 바로 그 이야기를 하려는 걸 거라고 겸은 생각했습니다.

"저 아이 말고도 우리 마을에는 전쟁으로 고아가 된 아이가 여럿 있습니다. 그중에는 전쟁 중에 다쳐 한쪽 팔다리가 없거나 하는 장애가 있는 아이들도 있지요."

"음……."

초나라 왕도 적이 무엇을 말하려는지 알고 입을 다물었습니다.

그리고 잠시 어색한 침묵이 흘렀습니다. 그 어색한 분위기를 깨며 적이 다시 입을 떼었습니다.

"전하, 제가 무엇을 하나 여쭈어 보아도 괜찮겠습니까?"

"해 보시오."

"좋은 것이 많은데도 남의 것을 탐내는 사람은 어떤 사람일까요?"

"그거야 도둑놈 심보겠지요. 남의 떡이 커 보이니 말이죠."

초나라 왕이 대답했습니다.

"제가 보기에 초나라가 송나라를 공격하는 일은 마치 이와 같다고 생각합니다. 비록 전쟁에 이긴다 하더라도 왕께서는 도둑놈이라는 비난만 듣게 될 것입니다. 또한 우리 묵가에서 송나라를 돕는다면 초나라는 결코 이길 수 없을 것입니다."

적이 단호한 목소리로 이야기했습니다. 겸은 초나라 왕의 포악한 성격이 튀어나올까 조마조마했습니다. 겸이 적의 옆구리를 꾹 찌르며 작은 목소리로 말했습니다.

"거자님, 좀 돌려서 말씀하세요. 여기는 엄연히 적진이라고요!"

"어허, 이놈이! 내가 여기에 온 목적이 뭔데 돌려 말하고 자시고 하냐!"

"혼자 오셨어요? 저도 같이 있다고요!"

"어허, 이놈!"

두 사람의 토닥거림을 끊은 것은 자신만만한 표정을 짓고 있는 초나라 왕이었습니다.

"허허허, 농담이 심하시구려, 묵자 선생. 우리에게는 천하의 유명한 기술자 공수반이 만들어 준 구름 사다리가 있소. 내가 듣자 하니 묵가 선생 쪽에서 하는 것은 다 방어를 위한 수련이라 들었습니다. 제아무리 방어를 잘한다고 해도, 이 뛰어난 무기 앞에서는 어쩔 수 없을 것이오."

겸은 씩 미소를 지었습니다. 드디어 올 것이 왔습니다. 바로 겸이 사흘 내내 방에서 나오지 않고 연구했던 전술을 쓸 기회가 마침내 온 것입니다.

"과연 그럴까요?"

적이 웃으며 대답하자 초나라의 왕이 말했습니다.

"당연한 일이지요. 이것이야말로 달걀로 바위 치기 아니겠습니까?"

"그럼 좋습니다. 과연 왕의 말씀대로 될지 보도록 하지요."

적이 고갯짓으로 겸을 불렀습니다. 겸이 재빨리 나서서 왕에게 머리를 조아렸습니다.

"저의 제자 겸과 공수반이 모의 전쟁을 할 수 있도록 허락해 주십시오."

초나라 왕이 어이없는 듯 웃음을 터뜨렸습니다. 아직 어려 보이는 겸이 어찌 공수반을 이길 수 있을까 싶어서였습니다. 초나라 왕은 웃음기 가득한 목소리로 겸에게 물었습니다.

"겸이라고 했더냐?"

"예."

"네가 정녕 그 유명한 공수반을 막아 보겠다고?"

"네, 제가 해 보겠습니다."

"오냐, 그래. 어디 힘껏 막아 보려무나."

❸ 공수반 vs. 겸

초나라 왕이 승낙하자 겸은 자신이 매고 왔던 허리띠를 풀어 바닥에 동그라미를 만들어 놓았습니다. 궁전에 모인 모든 신하와 장군들이 겸이 하는 양을 숨죽이고 지켜보고 있었습니다.

겸은 자기가 그려 놓은 동그라미 안에 들어가 마을에서부터 준비해 온 방어 기구를 꺼냈습니다. 겸이 설계를 하고 손재주가 좋은 적이 나무를 깎아 만든 것이었습니다.

"그럼 공수반 선생님, 공격을 해 보시지요."

옆에서 지켜보고만 있던 공수반도 부하를 시켜 자신이 설계한 구름 사다리를 작게 만든 모형을 가져오도록 시켰습니다.

공수반은 동그라미 주위를 둘러싸고 공격을 시작했습니다. 공수 반이 만든 구름 사다리는 접을 수도 펼 수도 있는 기다란 사다리 였습니다. 그래서 아무리 높은 성이라 해도, 병사들이 사다리를 타고 올라가 성안에 쉽게 들어갈 수 있었습니다. 길이를 뜻에 따라 얼마든지 조절할 수 있다고 해서 구름 사다리라고 불렸습니다.

공수반의 구름 사다리에 대항하기 위해 겸이 만든 것은 도르래를 이용한 무기였습니다. 도르래 가운데에 쇠기둥을 달아 놓았습니다. 그래서 줄만 당기면 올라갔던 쇠기둥이 줄을 놓으면 탁, 하고 떨어졌습니다. 쇠기둥이 떨어질 때 생기는 엄청난 힘은 나무로 만든 구름 사다리를 다 부숴 버렸습니다. 게다가 도르래를 이용한 것이라 힘도 얼마 들지 않아 병사들의 체력도 아낄 수가 있었습니다.

공수반은 접었던 구름 사다리를 펴서 높게 조절해 보았지만 겸의 방어 무기를 당해 내지는 못했습니다. 번번이 사다리가 부러져 새로운 모형을 가져와서 다시 공격하고는 했지만 역부족이었습니다.

모의 전쟁을 지켜보던 사람들은 적을 빼곤 모두 초나라 사람들이었습니다. 그들은 모두 겸이 방어 전술을 펼치는 모습에는 감탄했습니다. 천하의 기술자 공수반이 어린 겸에게 맥을 못 추는 것을 보고 사람들이 하나 둘씩 수군대기 시작했습니다.

"저렇게 어린 꼬마에게 당하다니, 그동안 공수반의 명성은 아무 것도 아니었나 보군."

"꼬마가 아주 대단한걸. 왕과 공수반 앞에서도 전혀 겁을 먹거나 두려워하지 않는 걸 보니."

모인 사람들이 공수반의 패배를 인정하는 쪽으로 술렁대자, 왕도 패배를 인정하지 않을 수 없었습니다.

"인제 그만 해도 될 것 같소, 허허. 어린 꼬마가 대단하구려."

비록 웃으며 말했지만 초나라 왕은 붉어진 얼굴빛을 감추지 못했습니다.

그때 화가 난 왕의 눈치를 보고 있던 공수반이 나서며 황급히 말했습니다.

"폐하! 지금 여기 모의 전쟁에서는 졌지만 실제 전쟁에서는 이길 수 있습니다. 저를 믿어 주십시오."

사람들이 다시 술렁이기 시작했습니다.

"그럼 그렇지, 역시 공수반이야. 여기서 이대로 질 리가 없지, 안 그래?"

"그럼! 공수반이 만든 무기로 우리 초나라는 패배한 전쟁이 없었어. 천하의 공수반이 저런 어린 꼬맹이에게 이렇게 호락호락 당할 리가 없지, 암."

초나라 왕의 얼굴에도 다시 기쁜 표정이 떠올랐습니다.

"그래? 그게 무슨 방법이냐?"

"그런데 지금 이 자리에서 말씀드릴 수는 없습니다. 잠깐 제가 다가가서 말씀드리지요."

공수반은 초나라 왕에게 가까이 다가갔습니다.

그곳에 있는 사람들 모두가 바짝 긴장했겠지만 누구보다도 긴장한 것은 바로 겸이었습니다.

'기껏 머리를 써서 공수반의 구름 사다리를 방어할 무기를 만들어 냈더니, 우리를 이길 또 다른 좋은 방법이 있다니, 그게 도대체 뭐지?'

겸은 걱정스러운 표정으로 적을 바라보았습니다. 적이라면 무슨 좋은 생각이 있을 것 같아서였습니다. 그런데 적은 아무 생각도 없는 듯 멍청한 표정을 짓고 있었습니다. 답답해진 겸이 손가락으로 적의 허리를 쿡, 찔렀습니다. 그러고는 작은 목소리로 말했습니다.

"대체 생각은 하고 계신 거예요?"

"아야, 이놈아. 아프다. 아까도 그러더니 또 이러는 거냐! 내 허리가 무슨 바늘 쌈지도 아니고 툭 하면 찌르는 거냐!"

"도대체 무슨 생각을 하고 계세요? 무슨 좋은 방법이 있으신 거예요?"

"아니."

적이 어깨를 으쓱하는 동작과 함께 웃으며 대답했습니다.

"어유."

별수 없이 초나라 왕의 말을 기다리는 겸의 얼굴이 울상이 되었습니다.

공수반의 귓속말을 들은 초나라 왕이 입을 열었습니다.

"공수반의 말을 듣고 보니, 우리가 전쟁에서 이길 수 있는 방법이 아주 없는 것은 아닌 모양이오."

"그렇습니까? 과연 공수반 선생은 뛰어난 전술가군요."

"허허, 포기하는 거요?"

"하지만."

왕이 채 말을 끝마치기도 전에 적이 말했습니다.

"하지만, 안타깝게도 공수반 선생의 전략에 대해서도 제가 이길 것 같습니다."

"뭐라고? 당신이 나의 계획을 어찌 알고 이긴다는 거요?"

듣고 있던 공수반이 참지 못하고 크게 소리쳤습니다.

"흥분하지 마시오, 공 선생."

적이 오히려 여유를 부리며 대답했습니다. 그의 얼굴에는 잔잔한 미소까지 배어 있었습니다. 그 모습을 보고 있던 겸도 한시름을 놓았습니다. 적이 아무런 대책 없이 그렇게 말을 했을 리는 없다고 생각했기 때문입니다.

"그래 도대체 공수반의 계획을 어찌 알고 그리 자신만만한 대답을 하는 것이오?"

왕이 물었습니다.

"공수반의 계획은 바로 저와 겸을 이 자리에서 죽이는 것이지요? 그러면 이 무기도 전술도 다 수포로 돌아갈 테니까 말이지요."

'이럴 수가!'

사람들이 모두 놀라 웅성거렸지만 겸은 너무 놀랐던 탓에 그 소리도 귀에 들어오지 않았습니다. 겸은 초나라 왕이 자신과 적을

죽일 수도 있다는 생각을 하자 온몸이 오싹해져 왔습니다. 그러고
는 순간이었지만, 마을에 두고 온 선주가 떠올랐습니다.

'내가 죽으면 선주는 얼마나 많이 울까? 선주는 나만 의지하고
있는데 그 녀석 내가 없어도 혼자 잘 살아갈 수 있을까? 선주의
말을 듣고 따라오지 않는 건데, 괜히 따라왔구나.'

겸의 마음속에 후회가 밀려들었습니다. 그러나 마냥 후회하고만
있을 수는 없었습니다.

'호랑이 굴에 들어가도 정신만 차리면 된다고 했어. 정신을 똑바
로 차리고 이 궁전을 빠져나갈 생각을 해 보자.'

이런 겸의 마음속을 들여다본 듯 초나라 왕이 물었습니다.

"그래, 그럼 죽지 않고 살아서 이 궁전을 빠져나갈 좋은 생각이
라도 있소?"

초나라 왕과 공수반을 비롯한 모든 사람들이 적의 얼굴만 쳐다
보았습니다. 겸은 적을 보지 않고 눈을 꼭 감고 있었습니다. 두
손을 꼭 쥐고 속으로는 '제발, 제발!'이라고 중얼거리면서 말입
니다.

"아니오, 없습니다."

무심하게 울리는 적의 대답에 겸은 까마득한 낭떠러지 아래로

떨어지는 기분이었습니다. 겸은 자포자기의 심정으로 눈을 떴습니다.

"하지만 저와 겸을 죽이셔도 소용없습니다. 초나라는 이 전쟁에 지게 되어 있습니다."

"그건 또 무슨 말이오?"

"저를 죽인다고 해도, 이미 송나라의 성곽에는 저의 제자 300명이 이와 똑같은 방어 무기를 앞세우고 대기하고 있습니다. 그러니 저와 겸을 죽인다고 해도 달라지는 것은 없을 것입니다."

'어? 나도 모르게 그런 일이?'

겸이 눈을 동그랗게 떴습니다. 분명히 겸이 알고 있기에는 겸이 계획한 이 전술과 무기는 적을 빼고는 아무에게도 알려 주지 않았습니다. 그런데 겸도 모르게 적이 마을 사람들과 군사들을 300명이나 동원해 송나라로 보냈다니!

'과연 거자님이군.'

겸은 안심이 되어 웃음을 지었습니다. 그렇다면 적이 승부수를 띄웠으니 이제 초나라 왕의 대답만 남았습니다. 왕이 적의 말에 너무 화가 나서 여기서 당장 겸과 적을 베어 버린다고 해도 어쩔 수 없는 일이었습니다. 그저 운명을 하늘에 맡기는 수밖에 없었습니다.

"허허, 선생에게는 도저히 우리가 당할 수 없구려. 공수반이 생각했던 최후의 비겁한 방법마저 꿰뚫고 있다니. 선생은 정말 훌륭한 학자이자 전술가요. 내, 선생을 무사히 보내 주고 더불어 송나라를 침략할 계획도 무르도록 하겠소."

야호! 초나라 왕은 예상 외로 너무 쉽게 패배를 인정했습니다. 그만큼 적과 겸의 전략이 치밀했던 것입니다.

4 거자님의 재치

겸과 적은 왕의 청을 뿌리칠 수가 없어 며칠을 더 궁전에서 머물 렀습니다. 오랜만에 겪게 된 호화로운 궁전 생활에 겸의 눈은 휘 둥그레졌습니다.

겸은 원래 귀족 출신이라 어릴 때부터 사치스러운 생활에 익숙 했습니다. 전쟁이 일어나고 고아가 되어서 적의 마을로 들어가기 는 했지만 겸은 한동안 좋은 옷과 맛있고 진귀한 음식들, 아름다 운 악기들이 연주해 내는 음악을 잊을 수가 없었습니다. 그러다가 이런 것들을 다시 보게 되니 당연히 반가웠습니다. 그러나 적의 표정은 그리 썩 밝지 못했습니다.

　며칠 동안 적의 눈치를 살피던 겸이 조심스레 적에게 물었습니다.

"거자님, 여기가 불편하세요?"

　겸의 물음에 적이 대답했습니다.

"너는 어떠냐? 이곳이 좋으냐?"

"사실…… 싫지는 않아요."

　겸이 머뭇거리자 적이 천천히 말을 이어 갔습니다.

"겸아, 귀족과 왕실의 이런 사치는 무엇으로 가능한 것이냐?"

　적의 물음에 겸의 얼굴이 굳어졌습니다.

"백성들이 힘들게 일해서 낸 세금입니다."

"그래, 잘 알고 있구나. 귀족들의 음악이나 호화로운 마차와 집은 모두 백성들의 재산을 빼앗아서 누리고 있는 것이야. 이는 백성들의 생활을 힘들게 하니 어찌 좋은 일이라고 하겠느냐."

　적의 말을 듣고 난 후 겸이 고개를 조아렸습니다.

"제 생각이 짧았습니다. 오늘이라도 당장 궁을 떠나 스승님을 모시고 마을로 돌아가겠습니다."

　적은 겸의 대답에 흐뭇해하며 웃었습니다. 자신의 뜻을 잘 이해

하고 따라 주는 제자의 마음이 그를 기쁘게 만들었습니다.

"녀석, 급하기도 하구나. 내일 떠나면 되지 무슨 오늘 당장이냐."

그러자 겸이 다시 아이 같은 표정이 되어 적에게 말했습니다.

"사실은요, 우리 선주도 걱정돼요. 울보잖아요. 나 없다고 매일 울고 있을 텐데, 그 바보 달래줘야지요."

"어허, 이놈 봐라. 알고 보니 네놈이 다른 속셈이 있었구나."

"사실 거자님하고만 있으니 재미없습니다. 선주한테처럼 놀리는 재미도 없고."

혀를 쏙 내밀며 웃는 겸을 마주 보며 적도 그만 크게 웃고 말았습니다.

다음 날 아침 적과 겸은 초나라 왕의 배웅을 받으며 길을 떠났습니다. 마을을 향해 가며 겸은 생각했습니다.

'그런데 거자님이 분명 초나라 왕에게 군사 300명을 송나라에 보내 놓았다고 하셨으니 마을에 사람들이 없을지도 몰라. 아직 송나라에서 돌아오지 않았을 테지.'

드디어 마을이 있는 산 어귀에 다다르자 겸은 가슴이 뛰었습니다. 저만큼 그리웠던 마을이 보였습니다. 그러나 사람이 없을 거라는 겸의 예상과는 달리 멀리서 보기에도 마을 입구에 사람들이 구름 떼처럼 나와 있었습니다.

"와, 와! 거자님이다. 거자님이 돌아오셨어!"

적과 겸은 순식간에 마을 사람들에게 둘러싸였습니다. 이리저리 고개를 돌리며 겸은 선주를 찾았습니다. 겸은 한걸음에 달려가 선주를 찾아보았습니다. 저 멀리 다가오지도 못하고 기둥 뒤에 숨어 있는 선주의 치마 끝자락이 보였습니다.

겸이 씩 웃으며 소리쳤습니다.

"바보 선주, 치맛자락 보인다."

그제야 선주가 기둥에서 얼굴을 빠끔히 내밀었습니다.

"도련님!"

"어이, 바보 선주! 또 우네!"

"안 울어요. 내가 울긴 왜 울어요. 도련님은 왜 만날 나만 가지고 놀려요. 난 만날 도련님 걱정에 힘들어 죽겠는데."

"왜 쓸데없는 걱정이야. 어련히 잘 돌아올 건데."

"네, 저는 거자님으로부터도 아무 소식도 없고 해서⋯⋯. 정말 많이 걱정했어요."

옆에서 적이 끼어들었습니다.

"선주야, 내 걱정은 조금도 하지 않았지? 그저 겸이만 걱정되었느냐?"

"거, 거자님!"

"하하하."

"그나저나 선주야, 어떻게 된 거야? 거자님 말씀으론 송나라 성에 사람들을 300명이나 보냈다고 하셨는데 마을 사람들은 다 그대로잖아?"

"네? 무슨 말씀이세요? 송나라 성곽이라니요? 저는 그런 말은 듣지도 못했는걸요. 게다가 마을의 아저씨들은 전부 추수를 하느라 바빴어요. 허리 펼 새도 없었는걸요."

'엥? 이게 또 무슨 말이야? 분명 거자님은 초나라의 왕 앞에서 자신의 군대 300명이 송나라 성곽에서 진을 치고 있다고 하지 않았어?'

겸은 황당한 얼굴로 적을 바라보았습니다. 적은 마을 사람들의 환영 인사를 받느라 겸이 쪽은 쳐다보지도 않았습니다.

겸은 슬금슬금 적에게 다가가서 귀엣말로 물었습니다.

"거자님, 분명 초나라 왕 앞에서는 군사 300명을 보내 놓았다고 하시지 않았어요?"

적도 소곤소곤 대답했습니다.

"그랬지, 물론. 하지만 우리 마을에 전쟁을 나갈 300명이나 되는 장정들이 어디 있니? 게다가 우리 마을은 한창 추수철인데 말이다. 그래서 초나라 왕에게는 거짓말을 조금 했지. 제자인 겸이 네 앞에서 거짓말을 한 것은 조금 부끄럽다만 그래도 목숨은 건졌으니 다행이지 않으냐. 게다가 초나라 왕에게서 성대한 대접도 받았고 말이다. 하하."

겸은 어안이 벙벙해서 껄껄 웃는 적의 얼굴을 멍하니 쳐다보았습니다.

적과 겸은 마을 사람들의 질문 세례를 받으며 마을로 들어섰습니다.

"도련님, 도련님!"

선주가 부르는 소리에 겸은 화들짝 놀라 정신을 차렸습니다.

"왜 그러세요?"

"응? 아니야, 아무것도."

"도련님, 초나라는 어땠어요? 그리고 어떤 일이 있었어요?"

눈을 반짝이며 궁금해하는 선주의 손을 겸이 꽉 잡았습니다. 잠시 움칠하던 선주가 자기를 바라보는 겸에게 배시시 웃어 보였습니다.

"가자, 선주야. 집에 가면 네가 듣고 싶어 하는 이야기 다 해 줄게."

"정말요, 도련님?"

"그래, 네가 듣고 싶어 하는 건 다!"

"우아!"

토끼처럼 팔딱거리며 좋아하는 선주를 보며 겸은 조용히 미소 지었습니다.

선주의 손을 잡고 걸어가면서 겸은 깊은 생각에 빠졌습니다. 이제는 새로운 길이 자기 앞에 열리고 있다는 예감에 겸은 기쁘기도 하고 슬프기도 했습니다.

사치와 낭비의 기원

우리나라에서도 옛날부터 일부 귀족들의 사치 풍조가 문제가 되었다. 특히 통일신라시대의 귀족들의 사치스러운 생활은 심각했던 것으로 전해진다. 당시 왕실의 귀족들은 당나라와 아라비아에서 수입한 사치품인 비단, 양탄자, 유리그릇, 귀금속, 아라비아 산 향료, 동남아 산 거북딱지로 만든 장식품, 에메랄드 등을 사용하였다. 그리고 당나라의 유행에 따라 옷을 입었으며, 필요한 물품은 노비에게 만들게 하여 사용하였다고 한다.

현재 우리나라에서도 이른바 '명품'으로 불리는 고급 브랜드들의 주 고객층이 급격히 젊어지고 있다고 한다. 명품이란 '훌륭하기 때문에 이름이 난 물건'이라는 의미로 예술품이나 장인 정신이 살아 있는 물건을 지칭할 때 쓰는 말이다. 그러나 언제부터인지 이것이 고가의 외제 상품 또는 비싸지만 품질 좋은 상품을 지칭하는 말로 바뀌어 버렸다.

묵자의 근검절약 정신은 당시 의식주는 물론 귀족들의 음악이나 호화로운 교통수단을 비판하는 데까지 발전하고 있다. 그것들은 모두 백성들의 재화를 착취하고 백성들의 생활에 해로움을 끼치기 때문이다.

유비무환의 정신

춘추시대에 진나라의 도공에게는 사마위강이라는 유능한 신하가 있었다. 어느 해 정나라가 출병하여 송나라를 침략하자 송은 진나라에 구원을 요청하였다. 한편 초나라는 정나라가 북방과 화친을 맺자 이에 불만을 품고 정나라를 침공하였다. 그러나 초나라의 군대가 강성함을 안 정나라는 초나라와도 화의를 맺었다.

이에 도공은 사마위강에게 후한 상을 하사하려고 했다. 그러자 사마위강은 거절하면서 말했다.

"편안할 때에 위기를 생각하십시오. 그러면 대비를 할 수 있으며, 대비 태세가 되어 있으면 근심이 사라지게 됩니다."

도공은 이러한 도움을 얻어 마침내 천하 통일의 패업을 이루게 되었다. 여기에서 '대비가 있으면 근심이 없다'라는 뜻의 '유비무환'이라는 고사가 비롯되었다.

묵자는 자연재해에 따른 백성들의 굶주림과 강대국의 침략에 대비하기 위하여 평소 쓸데없는 낭비를 줄일 수밖에 없다고 보았다.

"창고에 양식을 비축해 두지 않으면 흉년에 굶주림을 면할 수 없고, 무기고에 병기를 갖추어 두지 않으면 전쟁에서 이길 수 없으며, 성곽을 수리하지 않으면 나라를 지킬 수 없다. 마음에 항상 만일의 사태에 대비하지 않는다면 갑작스럽게 닥치는 어려움을 극복할 수 없다."

결식 아동의 문제

현대 문명과 기술의 발달로 인류는 역사상 그 어느 때보다도 풍요로움을 누리고 있다. 그렇지만 실제로는 사람의 기본 조건인 먹는 문제는 완전히 해결되지 않았다. 지구 곳곳에는 아직도 먹을 것이 없어 굶주리는 수많은 사람이 있다. 저 멀리 기근과 내전으로 얼룩진 아프리카까지 가지 않더라도 서울에서 불과 한 시간 거리에 있는 북녘 땅의 어린이들은 지금도 굶주리고 있다. 그뿐만 아니라 지난 1997년 말 IMF 위기 이후, 우리나라에서도 많은 어린이가 끼니를 거르고 있다고 한다.

결식아동의 문제는 남의 나라 문제만은 아니다. 전 세계 60억 인구 중 7명당 1명인 8억 4,000만 명의 사람들이 굶주림과 영양실조로 고통을 겪고 있다. 이들은 대부분 남부 아시아와 아프리카 사하라 사막 남쪽에 살고 있다.

반면에 우리나라 사람들이 먹고 버리는 음식물 쓰레기는 하루 평균 1만 2,000여 톤, 8톤 트럭 1,400여 대분이나 된다. 1년에 버려지는 음식물 쓰레기는 약 410만여 톤으로 돈으로 환산하면 연간 15조 원에 달한다.

묵자가 지적하는 사치와 낭비 문제는 비단 옛날이야기만은 아닌 것 같다.

묵가의 운명

춘추전국시대에 유가와 쌍벽을 이루었던 묵가는 이후에 어떻게 되었을까? 결론부터 말하면 묵가 철학은 전국시대 천하의 절반에 해당한 백성들의 지지에도, 진시황에 의한 중국 통일 이후에는 급격히 몰락하였다. 이후 청나라 때에 이르는 오랜 세월 동안 사람들의 주목을 받지 못하였다.

묵가가 이처럼 소멸한 것은 무엇보다도 통일 후에는 묵가의 역할이 제한될 수밖에 없었기 때문이다. 사실 묵가가 왕성하게 활동할 수 있었던 것은, 춘추전국시대에는 국가와 별도로 자신들의 법을 제정하고, 기술자들이 각국에 필요한 물품과 무기를 공급할 수 있었다. 그러나 통일 이후에는 국가에서 묵가와 같은 별도 집단이나 겸애와 전쟁 반대 같은 구호가 받아들여

지기 어려웠다. 결국 묵가 집단은 여러 분파로 나뉘게 되고, 끝내는 소멸하였다.

묵가의 겸애사상이나 전쟁 반대 같은 구호처럼 기득권에 대하여 일반 백성의 입장과 이익을 강조하고, 다른 학파와의 논쟁을 통하여 논리적이고 과학적인 성과를 축적한 것은 오늘날에도 상당한 의의가 있다고 할 수 있다.

에필로그

— 활과 화살이 되어

"거자님, 주무십니까?"

겸이 적의 방문 앞에 서서 물었습니다. 밤늦게까지 불이 켜져 있던 적의 방문이 스르르 열렸습니다.

"무슨 일이냐. 오늘은 피곤할 텐데 자지 않고?"

"드릴 말씀도 있고 여쭤 볼 말도 있어 찾아왔습니다."

겸의 진지한 얼굴을 잠시 바라보던 적이 고개를 끄덕였습니다.

"들어오너라."

"어인 일로 날 찾아왔느냐?"

적이 마주 앉은 겸에게 물었습니다. 잠시 대답을 하지 않던 겸이 천천히 입을 열었습니다.

"거자님, 마지막 가르침을 부탁드립니다."

"마지막 가르침이라……."

적이 혼잣말처럼 중얼거렸습니다.

"거자님이 평생을 말씀해 오신 겸애를 과연 저는 이루어 갈 수 있을까요? 저는 아직도 자신이 없습니다."

겸의 말에 적이 느릿하지만 또렷하게 말했습니다.

"겸아, 네가 처음 나와 만났던 날을 기억하느냐?"

"예."

"그때의 너는 어떤 아이였지?"

"버릇없고 오만 방자한 꼬마였지요. 진정한 겸애의 의미를 모르는……."

"그럼 지금은?"

"아직도 잘 모릅니다. 많은 세월 배우고 익히며 거자님께서 말씀하시는 진정한 겸애의 의미를 배워 가야 하겠지요."

겸의 겸손한 대답에 적이 미소를 지었습니다.

"처음 만났을 때 너는 귀족의 자제라는 것에 으스대는 건방진 꼬마였다. 그러나 그것보다 더 큰 너의 문제점은 다른 사람을 사랑할 줄 모른다는 데 있었어. 너를 친동생처럼 아끼고 사랑해 주는 선주에게도 넌 너의 하녀라는 생각 외에는 별다른 생각을 하지 않았지."

"예."

"너에게 일어난 가장 큰 변화는 바로 겸애의 실천에 있었다. 넌 이 마을에 와서 처음으로 일이라는 것을 했고, 선주를 배려해 주는 마음이 깊어졌고, 전쟁이 얼마나 나쁘고 슬픈 일인지를 알았으며, 초나라와의 전쟁을 막아 많은 백성을 지켜 냈다. 물론 네가 겸애의 정신을 완전히 이해하고 있지는 않다. 그러나 난 네가 앞으로 많은 시간 고민하고 배워 가며 겸애를 실천하고 퍼뜨릴 수 있을 거라 믿는다."

"제가 과연 그럴 수 있는 사람일까요?"

겸의 자신 없는 말투에 적이 따뜻하게 겸의 어깨를 두드렸다.

"넌 할 수 있을 것이다. 네가 이렇게 빨리 깨달아 주어 난 참으로 기쁘구나. 이젠 안심하고 네게 이것을 주어도 될 것 같구나."

적이 방구석에 놓인 상자를 가져와 겸의 앞에 놓았다.

"열어 보아라."

겸이 연 상자 안에는 낡은 활과 화살이 들어 있었습니다.

"내가 네게 이것을 주는 이유를 넌 알리라 생각한다."

활과 화살을 쥔 겸이 조용히 고개를 끄덕였습니다. 그리고 그런 겸을 바라보는 적의 얼굴에도 평온한 미소가 감돌았습니다.

"선주야, 자?"

날이 희미하게 밝아 오는 새벽, 겸은 선주가 잠들어 있는 방문을 두드렸습니다. 놀란 선주가 벌떡 일어나 방문을 열었습니다. 놀랍게도 긴 여행을 떠나려는 듯 겸이 짐을 꾸리고 서 있었습니다.

"도련님, 이게 무슨?"

"선주야, 나 떠날 거야."

"예?"

까무러칠 듯 놀라며 선주가 되물었습니다.

"오늘 거자님께 이것을 받았어."

"활과 화살이네요……."

"응. 이것을 거자님이 내게 준 이유를 넌 알겠니?"

"전 머리가 둔해서 잘 모르겠어요, 도련님."

"거자님은 내가 화살이 되기를 원한다는 것을 알고 계셨어. 거자님이 날 키우시며 겸애의 의미를 가르쳐 주셨듯이 나 또한 거자님의 뜻을 다른 이들에게 전하고 싶어 하는 것을 눈치 채신 거지."

겸의 말을 조용히 듣고 있던 선주가 다시 방으로 들어갔습니다. 열린 문틈 사이로 뭔가 분주하게 움직이는 선주의 뒷모습이 보였습니다.

이윽고 다시 나타난 선주는 어느새 여행 준비를 다 마치고 있었습니다.

"선주야……?"

"도련님, 설마 혼자 떠나실 생각은 아니었죠?"

방긋 웃으며 선주가 말했습니다.

"나를 따라오면 고생이 많을 거야. 그리고 비록 널 두고 떠나더라도 난 사실 하나도 걱정이 되지 않아. 난 마을 사람들이 결코 너를 외롭게 하지 않을 것을 알고 있거든. 다들 너를 가족처럼 아끼고 사랑해 줄 거야. 우리 마을 사람들은 거자님이 말씀하시는 겸애를 실천할 줄 아는 사람들이니까. 난 어디를 떠난다 해도 너에 대해 안심할 수 있을 거야."

겸의 말에 선주가 곱게 미소를 지었습니다. 언제나 품안에 동생 같던 작은 도련님은 몸이나 마음이나 어느새 자기보다 훌쩍 커서 어른이 될 준비를 하고 있었습니다.

"도련님, 전 말이에요. 도련님이 만날 놀리듯이 바보 선주예요. 고생이 돼도 도련님 곁에 있는 게 좋고요, 하루라도 도련님이 절 놀리는 말을 듣지 않으면 잠도 안 와요. 언젠가 말씀하셨잖아요, 언젠가는 바보 선주를 지켜 주신다고요. 전 이제 도련님이 절 지켜 줄 만큼 자라신 것 같아서 이제 도련님을 믿고 따르려고 해요."

한참을 대답 없이 서 있던 겸이 마침내 입을 뗐습니다.

"역시 바보 선주야. 나 아니면 누가 바보 선주랑 놀아 주겠니?"

"역시 도련님밖에 없다니까요."

눈이 소복하게 내린 겨울날, 마을 사람들은 깨어나자마자 흰 눈 위에 찍힌 네 개의 발자국을 보았습니다. 나란히, 그리고 아주 다정하게 찍혀 있는 발자국에 마을 사람들은 그 발자국의 주인이 누구인지 단번에 알 수 있었습니다.

그렇게 그들은 떠나갔고 세월은 흘러갔습니다. 그리고 적이 세상을 뜨자 마을 사람들은 산속에서 내려와 뿔뿔이 흩어졌습니다. 겸애의 마음이 넘치던 그들은 한 사람 한 사람 화살이 되어 온 세상으로 뻗어 나간 것이었지요. 최초의 화살이 되어 날아간 겸과 선주처럼요.

그리고 오랜 세월 후 사람들이 모두 떠나 황량해진 숲 속 작은 마을에 머리가 반백이 된 점잖은 남자와 그의 아내로 보이는 고운 여인이 찾아왔습니다. 그들은 이제는 잡초가 무성해진 적의 무덤 앞에서 공손

히 절을 올렸습니다. 절을 하는 남자의 주름진 손에는 낡고 칠이 벗겨
진 활과 화살이 세월의 자취를 말해 주듯 은은한 빛을 내뿜고 있었습
니다.

통합형 논술
활용노트

01 사람은 보통 자기 부모와 자식을 먼저 생각하고 난 다음에야 다른 사람의 부모와 자식을 생각합니다. 이처럼 자기와 친하고 가까운 이들을 먼저 배려하는 것을 차별애라고 합니다. 그런데 묵가는 평등한 사랑이라는 뜻의 겸애를 강조합니다. 이러한 주장의 근거는 무엇일까요? 현실적으로 모든 사람을 평등하게 사랑할 수 있을까요?

02 묵자는 전쟁은 이기는 쪽도 손해라고 주장합니다. 전쟁에서 이기면 이롭다고 생각하는 사람도 있을 것인데, 손해 보는 사람들은 누구이고 왜 그럴까요?

03 다음 제시문을 읽고 물음에 답하세요.

옛날 원시생활을 할 때는 사람들의 말은 사람마다 그 뜻이 달랐다. 한 사람이면 한 가지 뜻이 있었고, 두 사람이면 두 가지 뜻이 있었으며, 열 사람이면 열 가지 뜻이 있었다. 사람들이 많아지자 그들이 말하는 뜻도 많아졌다. 그래서 서로 자기 뜻이 옳다고 하면서 남의 뜻을 비난하였다. 가정 안에서는 부자나 형제들이 서로 원망하고 미워하게 되면서 헤어지게 되었고, 백성들은 모두 물과 불과 독약으로써 서로 해쳤다. 남는 힘이 있다고 하더라도 서로 도와주지 않았으며, 남아 썩어빠지는 재물이 있어도 서로 나누어 갖지 않았으며, 훌륭한 도를 지닌 사람들은 숨어 다른 사람들에게 그것을 가르쳐 주지 않았다. 천하의 혼란은 마치 새나 짐승들이 뒤섞인 것과 같았다.

천하가 혼란해지는 까닭은 지도자가 없기 때문이다. 그러므로 천하의 현명하고 훌륭한 사람을 골라 천자로 삼아야 한다. 천자가 세워져도 그의 능력만으로는 불충분하므로 다시 천하의 현명하고 훌륭한 사람들을 삼공(三公)으로 삼아서 그들로 하여금 천자를 돕도록 해야 한다. 그리고 천자는 천하의 백성들에게 다음을 지키도록 말하여야 한다.

좋은 말이든 나쁜 말이든 듣게 되면 모두 그것을 윗사람에게 고하라. 윗사람이 옳다고 여기는 것은 반드시 모두 그것을 옳다고 여기며, 그르다고 여기는 것은 반드시 모두가 그르다고 여겨야 한다. 윗사람에게 허물이 있으면 그것을 바르게 간하여 주며, 아래에 선한 사람이 있으면 추천한다.

논제: 제시문에 나타난 묵자가 바라는 사회의 모습을 비판적으로 분석한 후, 어떤 사회가 바람직한 사회인지 논술하세요.

04 다음 제시문을 읽고 물음에 답하세요.

천하의 도둑들도 또한 그러하다. 도둑은 자기 집은 사랑하면서 남의 집은 사랑하지 않는다. 그러므로 남의 집에 있는 것을 훔쳐서 자기 집을 이롭게 한다. 남을 해치는 사람은 자신의 몸을 사랑하면서 남을 사랑하지 않는다. 그러므로 남의 몸을 해치면서 그 자신을 이롭게 한다. 왜 그러한 일이 일어나는가? 그것은 모두가 서로 사랑하지 않기 때문이다.

만약 천하로 하여금 모두가 더불어 사랑하게 하여 남을 사랑하기를 그 몸을 사랑하듯이 한다면, 어찌 불효와 같은 짓을 하겠으며, 자애롭지 않은 사람이 있겠는가? 자식과 아우와 신하 보기를 자신의 몸과 같이 한다면 어찌 자애를 베풀지 않겠는가? 이렇게 된다면, 불효가 없게 될 것이다. 도적도 마찬가지이다. 남의 집 보기를 자기 집과 같이 한다면 누가 훔치겠는가? 남의 몸 보기를 자기 몸과 같이 한다면 누가 해치겠는가? 이렇게 된다면, 도적이 없어질 것이다.

만약 천하로 하여금 모두가 더불어 서로 사랑하게 한다면, 나라와 나라는 서로 침략하지 않고, 집안과 집안은 서로 어지럽히지 않을 것이다. 또한 도둑이 없어지고 군주와 신하, 아버지와 아들이 모두 효도하고 자애로울 수 있을 것이다. 이와 같이 되면, 천하가 잘 다스려질 것이다.

―묵자, 《묵자》의 〈겸애〉 상편

논제: 사랑이 사회의 혼란을 극복할 수 있는 최선책이라는 묵자의
견해에 대해 비판적으로 논술하세요

05 묵자의 겸애사상을 적용하여 해결할 수 있는 현대사회의 문제점을
한 가지만 적어 보세요.

통합형 논술 활용노트
문제풀이

01 겸애는 물론 평등한 사랑이라는 뜻이지만, 여기에는 서로 이익을 나눈다는 뜻이 포함됩니다. 묵가에서 사랑과 이익은 별도의 두 가지가 아니라 동전의 양면처럼 밀접한 관계가 있습니다. 우리가 보통 사용하는 '사랑'이라는 말은 정신적인 사랑을 의미하는 경우가 많지만 묵자가 말하는 '사랑'은 주로 경제적 의미에서의 평등한 사랑입니다. 다시 말해서 일한 만큼의 대가를 보장받는 일입니다. 당시 귀족들이 일반 백성들이 일한 성과를 착취하는 일이 비일비재하였기 때문입니다. 묵가의 이러한 이념은 바로 당시 기득권 세력을 비판하는 내용이자, 묵가 집단의 공동체 의식을 강화하기 위한 것이었습니다.

02 만일 전쟁에 이겼을 경우 아무런 이익도 없다면 사전에도 전쟁이라는 말 자체가 없을 것입니다. 우리가 싸움을 하는 이유는 자기가 모욕을 받거나 억울한 일을 당하거나 서로 이익이 충돌하기 때문입니다. 마찬가지로 국가 대 국가의 전쟁에는 여러 가지 이유가 있기 마련

이고, 따라서 전쟁에서 이겼을 경우 이로움도 있을 것입니다. 그런데 국가 간의 전쟁에 동원되는 백성들에게는 이로움보다는 해로움이 훨씬 큽니다.

묵자는 국가와 백성에게 이익이 되는가의 여부에 따라서 침략 전쟁을 반대하였습니다. 첫째 전쟁은 계절적으로 여름의 더위와 겨울의 추위를 피하여 봄과 가을에 빈발하므로, 이것은 농사일에 커다란 장애가 되며 결국 민생의 파탄으로 연결됩니다. 둘째, 전쟁에서 비록 승리하더라도 나아갈 때의 인원과 장비는 돌아올 때는 엄청난 피해가 뒤따르므로 결코 이익이 될 수 없으며, 특히 인명의 손실은 후손이 끊어져서 결과적으로 노동력의 손실을 가져옵니다. 셋째 징발된 병사의 가족들이 이산의 고통을 겪어야 하며 막대한 군사비 지출로 인한 재정 압박은 백성들에게 과다한 세금 부담으로 이어진다는 것입니다.

03 저마다 자신의 주장만을 내세우면서 자기만이 옳다고 하면, 세상은 동물의 사회와 같이 혼란스럽게 됩니다. 이렇게 혼란한 사회에서는 결국 피해

자는 '백성들' 입니다. 묵자는 이 '백성들'을 위한 최선의 사회란 전체가 하나처럼 가지런하고 지도자가 옳고 그름을 판단하는 절대적인 기준이 있는 사회라고 하였습니다. 제시문에서 묵자는 천하가 혼란해지는 까닭은 지도자가 없기 때문이며, 현명하고 훌륭한 사람을 지도자로 삼으면 혼란을 극복할 수 있다고 합니다.

전체가 하나처럼 가지런해지면, 분명히 사회적 혼란이 적어질 수 있습니다. 지도자가 변하지 않는 기준으로 세상의 모든 옳고 그름을 판단하면, 천하에는 '내가 옳고, 네가 그르다'고 따지는 시빗거리가 사라질 것입니다.

그러나 묵자의 이런 생각은 다양성과 개개의 개성을 무시한 것입니다. 더더구나 윗사람이 옳다고 여기는 것은 반드시 옳고 그르다고 말하는 것은 반드시 그르다는 것은, 오히려 인간의 존엄성을 훼손할 수 있습니다. 통합만을 강조하는 사회, 획일화되어 개성이 없는 사회에서 개인은 자아실현을 기대하기 힘이 듭니다. 개인의 특성이 충분히 발휘될 수 있는 사회가 되어야지 인간의 존엄성이 보장받는 사회라고 할

수 있습니다. 게다가 인간은 스스로 생각하고 판단할 수 있는 이성을 가진 존재입니다. 지도자 한 사람이 모든 것을 판단한다면 인간은 결국 비판 능력을 상실하고, 시키는 대로만 하는 수동적인 인간이 될 것입니다.

그렇기 때문에 천하의 지도자인 천자가 모든 시시비비를 판단할 수 있는 기준을 가지는 것이 아니라, 그 역할은 법과 제도가 담당해야 합니다. 법과 제도가 옳고 그름을 판단할 수 있는 최소한의 기준만을 제시해 준다면, 사회는 혼란하지 않으면서 개인의 개성을 존중할 수 있을 것입니다. 또한 비판을 하고 비판을 받을 수 있는 열린사회, 민주적인 사회가 될 것입니다.

04 묵자는 사람이 서로 사랑하면 조화를 이루어 행복해질 수 있다고 주장하고 있습니다. 여기서 묵자가 인간의 본성을 악하게 보지 않는다는 것을 짐작할 수 있습니다.

그러나 인간의 본성은 악합니다. 그렇지 않고서야 우리가 학교나 가정, 혹은 종교단체에서 배우는 것이 '서로 사랑하라'인

데 왜 사람들이 사랑을 실천하지 않겠습니까?

물론 인간의 본성이 선한지 악한지, 아니면 이도저도 아닌지 명확하게 답을 내릴 수는 없습니다. 그러나 적어도 인간의 마음속에 선과 악 두 가지가 서로 대립하고 있다는 것은 분명한 사실입니다.

그렇기 때문에 '사랑의 효과'를 보려면, 인간의 마음속에 있는 선함이 악함보다 먼저 발동할 수 있도록 하는 장치가 필요합니다. 예를 들면, 사회적으로 규제력을 가지고 있는 도덕이나 법이 확실히 서 있을 때, 인간은 악함보다 선함을 먼저 발동시킬 가능성이 클 것입니다.

결국 사랑으로 사회를 안정시키려면 그와 동시에 사회의 도덕과 법이 바로 세워져 있어야, 악한 마음이 발동할 수 있는 여지가 차단될 것입니다.

05 묵자의 겸애사상은 정신적인 사랑이 아니라, 물질적인 사랑을 의미합니다. 즉 일한 만큼의 대가를 보장받는 것입니다. 그런데 우리 사회에서는 노동의 대가를 보장받지 못하는 사람들이 많습니다. 학생 아르바이트, 비정규직, 외국인 근로자의 문제는 노동의 대가를 보장받지 못하는 가장 대표적인 예입니다. 특히 예로 든 경우는 단순노동인 경우가 대부분이어서, 노동의 질적 차이가 별반 나지 않는다는 것을 고려할 때, 더더욱 노동의 대가가 차이 나는 것을 이해하기 힘듭니다. 사회의 약자에 속하는 이들의 노동의 가치가 제대로 평가받을 수 있는 사회가 되기 위해서는 묵자의 겸애사상이 필요하다고 생각합니다.